町山智浩のアメリカスーパーヒーロー映画徹底解剖

町山智浩

イースト・プレス

町山智浩のアメリカスーパーヒーロー映画　徹底解剖

はじめに

ヒーローになるとき、それはいつ？

「俺ちゃんはスーパー強いけど、ヒーローじゃないんだよね」

ライアン・レイノルズ主演『デッドプール』（２０１６年）はマーベル・コミックスが原作ですが、おしゃべりな主人公デッドプールはスーパーヒーローじゃないと言い張ります。

「俺ちゃんはただの悪党さ。金もらって、もっと悪いヤツをギタギタにする商売をしてる」

デッドプールは末期がんの治療の副作用で、全身ただれたような姿に変わり果て、その代わりに手足を切り落とされても頭を撃たれても再生する不死身の男になります。

デッドプールは、X-MENの銀色の巨人コロッサスからX-MENに誘われますが、断ります。

「スーパーヒーローって好きじゃないんだよね。先生のお気に入りみたいな優等生ばっかりで」

デッドプール役のライアン・レイノルズにとってXナントカは鬼門です。２００９年、彼は『ウルヴァリン：X-MEN ZERO』なる映画に、「チームX」のメンバー、デッドプール役で出演しているんです。でも、あんまりおしゃべりなので途中で口を縫われてしまうというヒドすぎる扱いでした。

レイノルズは優等生のスーパーヒーローだったこともあります。２０１１年、レイノルズは

『グリーン・ランタン』に主演しました。DCコミックスの映画化で、レイノルズ演じるハルは、銀河警察に選ばれて指輪の力で何でもできるスーパーヒーローになります。この製作費2億ドルの超大作は興行的に大失敗しました。レイノルズはスーパーヒーロー映画で大変なトラウマを背負いました。でも、彼はあきらめなかった。自分で『デッドプール』を企画し、セリフも自分で書き、見事に大ヒットさせました。

『デッドプール』のセリフには「スーパーヒーロー」ないし「ヒーロー」という言葉が合計16回も出てきます。『デッドプール2』(2018年)でも合計16回、セリフでヒーローについて語っています。つまり、『デッドプール』シリーズは「ヒーローとは何か?」と、観客に問いかけているんです。

デッドプールは単に警察を手伝ったり、悪党を殴ったりするだけの存在ではありません。ヒーロー映画で2度失敗したレイノルズは、デッドプールを通して「ヒーローとは何か?」という問いと真剣に向き合って、格闘しているのです。

『デッドプール』の最後に、コロッサスはこう言います。

「朝から晩までヒーローじゃなくていい。ただ、ヒーローになるべき瞬間(とき)に、正しい選択をすればいいんだ」

その瞬間は誰にでもあるのではないでしょうか? この本では、それについて皆さんと一緒に考えていこうと思います。

アンチ・スーパーヒーローのスーパーヒーロー映画

ジェームズ・ガン監督論 vol.1

負け犬たち

2023年3月、MCU『ガーディアンズ・オブ・ギャラクシー』シリーズの監督として知られるジェームズ・ガンが、スーパーマンの新作映画『スーパーマン：レガシー』を監督することが発表されました。ガンは2022年の秋に、ワーナー・ブラザースの子会社「DCスタジオ」の共同経営者に就任したので、自分で自分を監督に指名したということになります。DCスタジオは、スーパーマンとバットマンを中心にしたスーパーヒーロー・チームを描いた超大作『ジャスティス・リーグ』（2017年）がどうにも人気を得られず、苦戦していました。それを根本的にリブートするために、ジェームズ・ガンが招かれたんです。

これは大変なことです。ジェームズ・ガンという映画作家は、今までずっとスーパーマンというよりは「梅干し食べてスッパマン」、バットマンというよりは『パットマンX』みたいな作品ばかり作ってきた人なんです。

なにしろ、ジェームズ・ガンのキーワードは「Losers（負け犬たち）」なんですから。

『ガーディアンズ』は残りカス

そもそも実写版『ガーディアンズ・オブ・ギャラクシー』（2014年）は、「残りカス」から生まれました。

冒頭で主人公（クリス・プラット）が「俺の名はスター・ロード」と名乗ると、敵に「誰？」と言われるでしょ。実際、大抵のアメリカ人にとっても「誰？」だったんですよ。

なにしろ、マーベル・コミックスの数あるキャラクター資産（プロパティ）の中でもガーディアンズは「価値がない」ものだったんです。コミックスは1969年にシリーズが始まり一度終わって、2008年にリブートされましたが、それほど人気はなかったんです。

それが映画化されたいきさつを説明します。2009年、マーベル・スタジオが若手の脚本家たちを集め、山ほどあるマーベル・コミックスを読ませて、そこから実写映画企

『ガーディアンズ・オブ・ギャラクシー』（2014年）

画をまとめさせました。集められた脚本家の一人、ニコール・パールマン（1981年生）は『ガーディアンズ』を選びました。コロラド州ボウルダーで生まれ育った彼女は、インタビューで自分が物語の作り手になることを目指したきっかけを語っているんですが、僕はそれを知って驚きました。コロラド大学に講演で訪れていた作家レイ・ブラッドベリーにサインをもらったことがクリエイターを志したきっかけだと言うんです。その講演会には、僕も行っているんですよ。あの時、会場にいた少女が、その後マーベル・スタジオで働くことになったんです。

パールマンは『スター・ウォーズ』のようなスペースオペラを作りたかったので、『ガーディアンズ』を原作に選びました。キャラクターに人気がないから他の脚本家に選ばれなくて、余っていたからでもあります。

パールマンは2年かけて全ての『ガーディアンズ』を読み、主人公チームとしてスター・ロード、ガモーラ、ドラックス、ロケット、グルートを選びました。「原作では警察に近い立ち位置のスター・ロードを、海賊の側にする」というアイデアも彼女のものだそうです。

その脚本をジェームズ・ガンが引き継いで、ピーター・クイルが母の形見のウォークマンを持っているアイデアや数々のジョークを書き足して、主人公たちを全員ボケ役にしたんですね（ガモーラを除く）。主人公たちが全員ボケ、しかもケンカばかりしていて、おまけに貧乏。これこそがジェームズ・ガンの作家性なんですよ。

映画作りについて大切なことは全て『悪魔の毒々モンスター』から学んだ

僕はジェームズ・ガンがまだ映画監督になる前に会ったことがあります。2002年、彼が脚本を書いた『スクービー・ドゥー』の公開直後です。『スクービー・ドゥー』は1970年代のテレビアニメ『弱虫クルッパー』の実写化で、これが大ヒットしました。

「僕は世界一ラッキーな男さ！」

ジェームズ・ガンは大喜びで「お金が入ったら、奥さん（当時のパートナーはジェナ・フィッシャー）と一緒に住む家をハリウッドに買うつもりだ」と言っていました。

「生まれて初めて大金が入るんだ」

ジェームズ・ガンはずっとお金に苦労してきたそうです。

彼が映画業界に入ったのは1995年。ニューヨークにあるトロマ・エンターテインメントという映画会社のアルバイトとしてでした。トロマは『悪魔の毒々モンスター』（1984年）などの安物ゲテモノ映画専門の会社で、ヘルズキッチンという青物市場が集まっている下町にあります。最近は再開発で綺麗になりましたが、昔は野菜や肉の卸とポルノショップが並んでいたような通りです。

そこを訪ねると、社長のロイド・カウフマンは、ガンが名

『スクービー・ドゥー』
（2002年）

門コロンビア大学の文学部の大学院生だと知って、シナリオ執筆を依頼しました。当時のハリウッドでは、バズ・ラーマン監督、レオナルド・ディカプリオ主演、シェイクスピア原作の『ロミオ＋ジュリエット』（１９９６年）を作っていたので、その公開に合わせて、トロマ版『ロミオとジュリエット』をぶつけたいから、脚本を書いてくれ、と。

ガンは思い切り下ネタを詰め込んだ『トロメオ＆ジュリエット』（１９９６年）のシナリオを書き上げました。その報酬はわずか１６０ドル（当時のレートで約１８，０００円）だったそうです。

「大好きな映画が作れるんだから、それで十分だよ」

映画の製作費は35万ドル。アメリカ映画では最低最悪ドン底レベルです。しかも監督はロイド・カウフマンとクレジットされていますが、彼は何もしません。そこでガンはロケハンから大道具、小道具、メイク、演出、撮影、それにポスター作りまで、何から何まで一人でこなそうと奮闘しました。ノーギャラで。

「高い授業料を払って映画学校へ行くよりも、はるかに

『トロメオ&ジュリエット』(1996年)

『All I Need To Know About FILMMAKING I Learned From THE TOXIC VENGER』

勉強になったね」

　その苦労をガンは本に書きました。題して……。

『映画作りについて大切なことは全て「悪魔の毒々モンスター」から学んだ（All I Need To Know About FILMMAKING I Learned From THE TOXIC AVENGER）』。著者はロイド・カウフマン名義になっていますが、映画と同じで基本的にほとんどガンが書いています。

ザ・スペシャルズ

　その後もジェームズ・ガンは脚本を書き続け、そのうちの1本、『ザ・スペシャルズ』が2000年に映画化されました。日本では『MISⅡメン・イン・スパイダー2』というタイトルでDVDが出ましたが、本当にひどい邦題です。だって、これは『MIS』とか『メン・イン・スパイダー』とかいう映画の続編じゃないし、そもそも『MIS』とか『メン・イン・スパイダー』なんていう映画は存在しない。『MIS』って何なんだ？「メン・イン・スパイダー（蜘蛛の中の男たち）」って？

　だから、ここでは原題どおり『ザ・スペシャルズ』とします。

　これがまた、とんでもないスーパーヒーロー映画なんですよ。

『ザ・スペシャルズ』（2000年）

ザ・スペシャルズは、スーパーヒーローのチームなんですが、その活動ぶりはドン底です。本部はハイテクな秘密基地とかじゃなくて、築50年くらいの木造の一軒家。しかも、リーダーのストロボ（トーマス・ヘイデン・チャーチ）の自宅も兼ねている。ストロボの奥さんもミズ・インデストラクティブル（破壊不能）というスーパーヒーローなんですが、彼女はチームの会計も担当している。つまりザ・スペシャルズは家族経営の零細企業のようなものなんですね。

ザ・スペシャルズは全然、敵と戦わないで、女の子を口説いたり、酒を飲んで浮かれたり、喧嘩したりしているだけ。そもそもスーパーな能力も発揮しない。ジェームズ・ガン自身が演じるヒーロー、マイヌートマン（ミニットマンと間違われる）の超能力は小さくなることなんですが、調子が悪くて、10センチくらい背が縮むだけ。それ、何の役に立つの？

そんな『ザ・スペシャルズ』は、X-MENやアベンジャーズ、ジャスティス・リーグのパロディですが、公開は実写版『X-MEN』（2000年）とほぼ同時。ちょっとタイミングが早すぎましたね。

スーパーヒーローはフィギュア化を目指す

『ザ・スペシャルズ』には、大スターのロブ・ロウも出演しています。何かの間違いで、彼はザ・スペシャルズで一番人気のヒーロー、ウィーヴィル（ゾウムシという意味。由来は不明）。でも、彼はこの貧乏所帯に嫌気がさして、もっと人気のあるスーパーヒーロー・チームへの移籍を考えています。

その人気チームのリーダー、ヴァーディクトの衣装は、どう見ても『ウォッチメン』（1986年のコミック版。映画版『ウォッチメン』が公開されたのは2009年のこと）のオジマンディアスなんです。オジマンディアスは超天才かつ大富豪で、エリート（選ばれし者）そのものです。このヴァーディクトもそうで、あからさまにスペシャルズや庶民を見下しています。

ジェームズ・ガンはオジマンディアスのことが本気で嫌いみたいで、『トロメオ&ジュリエット』の敵役のジュリエットの父親もパーシー・シェリーの詩「オジマンディアス」を暗誦します。「全能の神よ、我が偉業を見て絶望せよ！」と。その父親は、映画会社の社長で大金持ちなんです。当時のガンには、映画業界で財を成した者に対する猛烈な嫉妬があったみたいですね。ストロボの昔の友達もビジネスで成功して、ベル・エアにある豪邸に住んでいます。彼のビジネスは売れないヒーローにカタギの仕事を斡旋すること。ストロボも熱線が出せる能力を活かして「デトロイトの工場で溶接工として働かないか？」と言われます。

ストロボは「映画人がオスカーに憧れるように、我々ヒーローはフィギュア化されるのが夢だ」と言うんですが、とうとう商品化の夢がかないます。でも、そのフィギュアを見たスペシャルズはがっかり。全然似てないんです。例えばミニットマン、いや、マイヌートマンは

「多様化のため」黒人になってたりします。

しかも、ストロボは妻とロブ・ロウが浮気している現場を目撃して絶望し、スペシャルズの解散を宣言します。

のけ者たちの栄光

解散したところで、ロブ・ロウ扮するウィーヴィルを除くと、彼らには行くところなんかありません。もともと何の役にも立たない連中の吹き溜まりだから、翌朝になるとみんな本部に戻ってきます。

そこで素晴らしい演説があります。

「僕らは見た目も頭もよくないし、特にパワーもない。僕らは世界の美しい人々のために存在するんじゃないんだ」

つまり自分たちは人々が憧れるスーパーヒーローから最も遠い存在だと。

「変わり者、反逆児、のけ者、それにオタクたちのために僕らがいるんだ！」

これはジェームズ・ガン自身の叫びですね。

負け犬バットマン『スーパー！』

『ザ・スペシャルズ』の制作費は1億円ぐらい。では、興行収入（チケット売り上げ額）はいくらでしょう？　なんと１３，２７６ドル（当時のレートで１５０万円くらい）でした。これは「利益」じゃなくて「入金額」です。大赤字ですよ。

でも、その後、ジェームズ・ガンが脚本を書いた『スクービー・ドゥー』（２００２年）とその続編、さらに『ドーン・オブ・ザ・デッド』（２００４年）が大ヒットして、彼は数億円を稼いで、ハリウッドに家が買えるくらいの売れっ子になりました。

そしていよいよ、ガンは『スリザー』（２００６年）で監督デビューを果たします。宇宙から来たミミズみたいな寄生生物をめぐるホラー映画でしたが、興行的には今ひとつでした。

さらにこの頃、ジェナ・フィッシャーと離婚したこともあって、ガンはアルコールとドラッグに溺れたそうです。そのドン底で彼が作った映画が『スーパー！』（２０１０年）です。これはそのタイトルに反して、まったくスーパーパワーのないヒーローものです。

主人公フランク（レイン・ウィルソン）は場末の油染みた食堂で毎日ハンバーグを焼いている、冴えない中年男。彼には

『ドーン・オブ・ザ・デッド』（2004年）

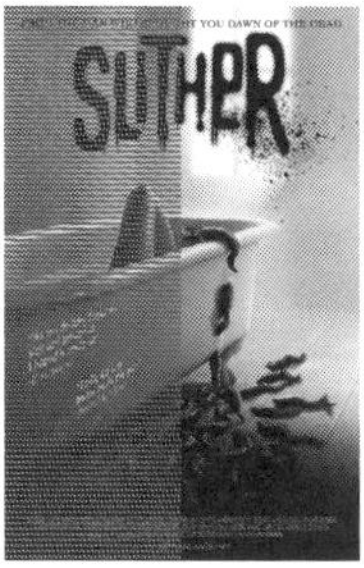

『スリザー』（2006年）

まったく不釣り合いな美人の奥さんサラ（リヴ・タイラー）がいます。ドラッグ中毒だった彼女をフランクが救ったんですね。このあたり、離婚でアルコールやドラッグに溺れたガンの苦い体験が反映されているのかもしれません。

その妻サラは、地元のヤクザ（ケビン・ベーコン）に寝とられて、ヘロインを注射され、愛人にされます。老けてからのベーコンはこんな役ばっかりですが……。

負け犬のフランクはただ泣いてばかりでしたが、スーパーヒーローになって悪を退治しようと考えて、研究のためにコミックブック・ショップに行きます。店員のリビー（当時はエレン・ペイジ。現在は改名し、エリオット・ペイジ）に相談します。フランクが「スーパーパワーを持たないヒーローっている？」と聞くと、彼女は「バットマンがいるわよ」と答えます。バットマンは大金持ちの御曹司で、金にモノを言わせて秘密兵器をいっぱい作っていますが、フランクは最低時給で暮らしているんで、そうはいきません。彼は秘密兵器として、水道管のボルトを開け閉めするための巨大なレンチを手にします。

手作りの真っ赤なコスチュームを着て「クリムゾン・ボルト」と名乗り、巨大なレンチでドラッグの売人を殴るフランク。そんなもので頭を殴られたら、一撃で死にますよね。本人は正義の味方のつもりでも、実際は犯罪者なのでお尋ね者になります。でもよく考えると、彼のしていることは、お金がないだけでバットマンと大差がありません。バットマンだって警察でもないのに、勝手に夜回りをして犯罪者を半殺しにしているんだから犯罪者なんですよ。つまりこの『スーパー！』という映画は、バットマンのリアル版、バットマンの脱構築なわけです。

コミックブックショップ店員のリビーは、クリムゾン・ボルトの正体がフランクだと気づいて「バットマンにはロビンがいるように、クリムゾン・ボルトにも相棒がいるべきよ！」と言って、勝手に相棒の「ボルティ」になります。

『スーパー!』
(2010年)

血みどろの『タクシードライバー』

ここまでの展開だけ見ると、コメディですよね。実際、オープニング・タイトルは子どもがクレヨンで描いたみたいなアニメでほのぼのしているんですが、フランクが映画を観に行った時、チケットを買う列に割り込んだ人を半殺しにするあたりから、フランクは英雄ではなく「狂信者」だということがわかってきます。

フランクがヒーローとして目覚めたのは、テレビに「ホーリーマン」という、聖書の朗読をしながら悪と戦うスーパーヒーローが出てきたからです。これは『バイブルマン』という、キリスト教福音派の人たちが作っている実在のテレビ番組を元にしています。そして、ジェームズ・ガンの家族はカトリックです。

『ホーリーマン』を見たフランクは、「スーパーヒーローになって悪と戦え」という神の啓示を受けます。傍目には幻視とか幻聴としか思えませんけどね。

この展開はマーティン・スコセッシ監督の『タクシードライバー』（1976年）に影響を受けたそうです。ロバート・デ・ニーロ扮するトラヴィスは、ニューヨークで深夜に働くタクシーの運転手。道端のコールガールを見ているうちに、自分は神に選ばれて「この街のクズどもに怒りの鉄槌を下す使命がある」と考え始め、ついにはマグナムなどの銃で完全武装して売春宿に殴り込みをかけ、そこにいたピンプ（ヒモ）たちを皆殺しにします。

トラヴィスと同じように、フランクもついにケビン・ベーコンの豪邸に殴り込みをかけます。相棒のボルティは、敵の子分の一人を楽しそうに惨殺します。この展開は『かわいい毒草』（1968年）というカルト映画が元になっていると思います。『かわいい毒草』はアンソニー・パーキンス扮する主人公が「僕は正義のスパイなんだ」という妄想を抱いているんですが、チューズデイ・ウェルドが演じる美少女が、彼の妄想に乗っかって、一緒にスパイごっこをして人を殺していくんです。

『スーパー！』のボルティも敵に撃たれ、顔面が半分吹っ飛

『タクシードライバー』
（1976年）

んで惨死します。ここからこの映画は前半のコミカルな展開が完全に消え失せ、血みどろの殺し合いになっていきます。最後にとうとうフランクが敵のボスを追い詰めて殺そうとすると、サラが「やめて！」と叫ぶんですが、これは『タクシードライバー』で、少女娼婦（ジョディ・フォスター）が叫ぶシーンの引用ですね。

ケビン・ベーコンはフランクにこう問いかけます。「俺を殺したところで、世の中良くなるのか？」、するとフランクは「どうなるか試してみよう」と答えて、ベーコンを殺し、鮮血が飛び散ります。

『かわいい毒草』
（1968年）

チャンスをつかむ

『スーパー！』で、フランクは妻を助け出しますが、結局彼女はフランクの元を去って、別の男性と結婚して子どもを生み、幸福な家庭を持ちます。これはジェームズ・ガンが別れた奥さんへの感謝を込めた映画なんです。血みどろですが。

『スーパー！』は製作費250万ドルの低予算インディペンデント映画ですが、59万ドルしか稼げませんでした。またしても監督作が興行的に失敗し、ドン底のさらに下に堕ちていくかに見えたジェームズ・ガン……。

ところが2014年に、起死回生の出来事が起こります。マーベルから2億ドルの大予算を任されたガンは、『ガーディアンズ・オブ・ギャラクシー』を監督。全世界で7億ドル以上を稼ぎ出します。

『ガーディアンズ』の最後の決戦前に、主人公のスター・ロードことピーター・クイルはこう演説します。

「俺たち自身を見てみろ。どう見ても負け犬集団だろ？　みんな、故郷を奪われ、家族を奪われ、普通の人生を奪われてきた。俺たちにとって人生は負け戦の連続だった。でも、今日は違う。俺たちはチャンスをもらった」

何のチャンス？　ヒーローになるチャンスを！

ピーターたちは命を捨てて人々のために闘い、ガーディアンズ・オブ・ギャラクシー（銀河の守護者）になります。ジェームズ・ガンにとって、ヒーローとは、スーパーパワーのあるなしじゃなく、心の問題なんです。

栄光からの転落

ジェームズ・ガンは続く、『ガーディアンズ・オブ・ギャラクシー2』（2017年）もヒットさせて、ヒットメイカーとしての地位を確立しました（ちなみに『ガーディアンズ2』の日本語タイトルは『ガーディアンズ・オブ・ギャラクシー：リミックス』ですが、「リミックス」は「再編集／再構築」という意味であり、このタイトルでは前作の再編集版と誤解されるので、ここでは『2』と呼びます）。

『ガーディアンズ』は落ちこぼれの起死回生の物語で、基本は『ザ・スペシャルズ』や『スーパー！』と同じです。にもかかわらず一般的に広く観客の心をつかめたのは、ジェームズ・ガン独特の悪趣味でグロテスクなユーモアを抑えたおかげでしょう。でも、悪趣味はガンの血肉だから、完全に消えることはありません。うっかり出てしまうこともあります。

2018年、ジェームズ・ガンが過去にTwitterに投稿していた、悪趣味なツイートが掘り起こされます。掘り起こされたのは2008年頃のツイートで、「ジョークのネタにする場合、ホロコーストと同時多発テロ911、どっちが悪質か」とか「笑いは最高の薬だから、僕はAIDS患者を笑うんだ」とか、少年に対する性的虐待とかについての、ひどいジョークばかりです。当時、ジェームズ・ガンは離婚とアルコール中毒で荒れていたんで、こんなことを書いたんでしょう。もともと『トロメオ&ジュリエット』の脚本家だし。これによって、ガンはすでに脚本が完成していた『ガーディアンズ・オブ・ギャラクシー3』の監督を解雇されま

『ガーディアンズ・オブ・ギャラクシー2』（2017年）

す。

これらのツイートを掘り起こしたのは、マイク・セルノヴィッチ。彼はオルタナ右翼、またはネット右翼と呼ばれていた保守系ブロガーで、2016年の大統領選挙に立候補したドナルド・トランプを熱烈に支持していました。ガンはTwitter上でトランプとその支持者をからかい、おちょくっていました。女性や有色人種や身体に障がいがある人々への差別的な言葉を撒き散らすトランプが許せない正義感ゆえです。それが頭にきたセルノヴィッチが、ガンの過去ツイートを発掘して、拡散したわけです。

マーベル・スタジオの親会社は健全なファミリー・エンターテインメントを供給するディズニーですから、仕方がなく、ジェームズ・ガンを『ガーディアンズ3』の監督から外しました。ジェームズ・ガンは、せっかくつかんだ栄光の座から滑り落ちてしまったんです。

モラルコンパスなきスーパーマン『ブライトバーン』

その第二のドン底のなか、ジェームズ・ガンは低予算で『ブライトバーン／恐怖の拡散者』（2019年）をプロデュースします。脚本はジェームズ・ガンの弟ブライアンと従弟のマーク・ガン。家族経営みたいな映画ですね。これが、マーベルから落ちこぼれたジェームズ・ガンの、スーパーヒーローに対する反感を煮詰めたような作品でした。

「ブライトバーン」というアメリカの中西部の架空の田舎町に、異星からのカプセルが落下し、子どものいない夫婦がそれを見つけ、カプセルの中にいた赤ん坊を自分の子どもとして大事に育てます。そこまでは『スーパーマン』の子ども時代とまったく同じです。

『ブライトバーン／恐怖の拡散者』（2019年）

その子、ブランドンは思春期になると、セックスや暴力に興味を持ち始めます。まあ、それも普通の男の子っぽいことですね。彼の12歳の誕生日に、叔父さんがライフルを買ってくれます。アメリカの中西部ではそれが普通です。ジェームズ・ガンもそんな中西部で生まれ育ちました。

あのエルヴィス・プレスリーも10歳の誕生日にライフルをねだりました。しかし、エルヴィスの母はそれを拒否して、代わりにギターを買ってあげたんです。そのおかげで、エルヴィスはスターとなり、ロックンロールで世界を変えました。ブランドンの両親もライフルのプレゼントを拒否します。するとブランドンは怒って、凶暴さをむき出しにします。

思春期になった彼は、スーパーパワーを自分の欲望を満たすために使い始めます。好きなクラスメートの家に夜這い（空を飛んでいますが）したり、気に食わないやつを殺したり……。

彼の両親は間違った教育をしたわけではないんですが、ブランドンは自分のパワーにおごり高ぶって、自分のような優れた者が「世界を支配」すべきだと考えます。『ウォッチメン』のオジマンディアスと同じです。

ジェームズ・ガンは『ブライトバーン』を作った動機について、「人並み外れたパワー（能力／権力）を持っていても、それを正しいことに使えない人が世界中にいるから」とインタビューで答えています。トランプとかプーチンとか習近平とか金正恩とか、多くの権力者がそうですね。

ジェームズ・ガンは常に「持たざる者」への共感を描いてきました。それは裏返すと『ブライトバーン』のような「持てる者」への反感、憎悪、不信感になります。

こんなダークなスーパーマンの成長譚を作ってしまったジェームズ・ガンがスーパーマンの少年時代を描く『スーパーマン：レガシー』（2025年公開予定）はいったいどんな作品になるんでしょう？

アメコミ版お笑いウルトラクイズ『ザ・スーサイド・スクワッド』

鬱々としていたジェームズ・ガンを拾ったのは、マーベルのライバル会社、DCでした。

DCは『スーサイド・スクワッド』（2016年）の続編『ザ・スーサイド・スクワッド〝極〟悪党、集結』（2021年）の監督としてガンを抜擢します。これも実に面白い人選ですね。
スーサイド・スクワッドの正式名称はタスクフォースX。彼らはアメリカ政府の極秘部隊で、刑務所に収監されている凶悪犯たちを生還率ゼロに近い決死作戦に送り込むという、人権を無視したシステムに隷属する存在です。隊員たちの脳には超小型爆弾が埋め込まれ、命令に逆らうと遠隔操作で爆弾が作動し、処刑されます。

まったくモラルを持たない悪党どもが、生きるために戦う２０１６年の『スーサイド・スクワッド』は、監督のデヴィッド・エアーによって、いったん『特攻大作戦』（１９６７年）のようなシリアスで暗い特殊部隊モノに仕上がりました。ところが、その公開の前に、明るくカラフルな『ガーディアンズ・オブ・ギャラクシー』が大ヒットしたんです。ＤＣはあわてて莫大な費用をかけて『スーサイド・スクワッド』を再撮影と再編集で『ガーディアンズ・オブ・ギャラクシー』っぽく作り変えようとして苦労しました。で、今回、ジェームズ・ガンがマーベルをクビになったので、ＤＣは、じゃあ最初から本人にやらせようと呼んだわけです。

なんとも皮肉ですね。この『スーサイド・スクワッド』という原作のコミックも、もともとはガーディアンズ・オブ・ギャラクシーと同じく「誰それ？」レベルの知名度でした。ジョー

『ザ・スーサイド・スクワッド “極”悪党、集結』（2021年）

カーとかレックス・ルーサーみたいな人気のあるヴィランは出てこなくて、キャプテン・ブーメランとか、誰も知らないようなマイナーなキャラの寄せ集めだったんです。そう、ジェームズ・ガンが愛する「持たざる者たち」です。

ジェームズ・ガンはこう言っています。「スーサイド・スクワッドは負け犬だ。誰にも気にされない、オールソー・ランズなんだよ」。オールソー・ランズ（Also-Runs）というのは「競技などに一応出場していた、ランク外の参加者たち」という意味です。

昔、ビートたけしが売れない芸人を集めて、ビルからぶら下げたり、ひどいチャレンジをさせる『お笑いウルトラクイズ』というテレビ番組がありました。あれのアメリカン・コミックス版が『ザ・スーサイド・スクワッド』なんですね。まったくジェームズ・ガンのためにあるような企画ですよ。

なにしろ『ザ・スーサイド・スクワッド』に出てくるのはイタチとかサメです。もはや人間ですらないですから。しかも映画が始まってすぐに、最初の部隊はほぼ全滅！　その死に方も手足がもげたり頭が吹っ飛んだりと、マーベルでは許されなかったジェームズ・ガンの悪趣味が丸出し！

体制側のヒーロー、ピースメイカー

この『ザ・スーサイド・スクワッド』の目的地は南米のコルト・マルテーゼという架空の島国。ここに樹立された反米政権の秘密研究所を破壊するのが任務です。リーダーはブラッドスポート（イドリス・エルバ）というスナイパーで、前作でリーダーだったデッドショット（ウィル・スミス）とほとんど同じような人物です。ブラッドスポートが自殺部隊に参加した動機は、政府組織アーガスの長官アマンダ・ウォーラー（ヴィオラ・デイヴィス）に娘を人質に取られているからです。

前作もそうでしたが、この自殺部隊のメンバーは、タイトルほど極悪ではありません。ラットキャッチャー2（ダニエラ・メルシオール）なんてドブネズミを操る女性だし、ポルカドットマン（デヴィッド・ダストマルチャン）なんて、「水玉男」ですよ。「コミック史上、最もバカげたキャラクターだ」とジェームズ・ガンも言ってます。

メンバーのなかで本当に悪いのはピースメイカー（ジョン・シナ）だけですね。彼のコスチュームは赤、青、白という星条旗の色。スーパーマンやキャプテン・アメリカもそうです。彼らと同じようにピースメイカーも「愛国者」を名乗りますが「己の心の平和のためなら、女性だろうと子どもだろうと容赦なく殺す」という極悪人です。

そして、ピースメイカーだけは、この任務の本当の目的を知っていました。実はコルト・マルテーゼの政府はアメリカ政府とつるんで、宇宙から来たヒトデ型の生物の軍事利用を研究し、住民に生体実験をしていました。その証拠を隠滅することが、アメリカ政府の真の目的だったんです。ピースメイカーは、真相を知ったスーサイド・スクワッドのメンバーを口封じのために殺そうとします。

ピースメイカーの役割は『ウォッチメン』の悪役、ザ・コメディアンと同じですね。ザ・コメディアンは、アメリカ政府の手先となり、政治的な暗殺やテロを繰り返す仕事人です。CIAの工作員は中南米やベトナムで実際にそういうことをしていたわけですが、政府こそが正しいと信じる立場からすると、彼らはヒーローなんですよ。

誰にだって生きる理由がある

結局、このヒトデ型の宇宙怪物スターロが暴れて、コルト・マルテーゼの人々を襲います。その姿は『宇宙人東京に現る』（1956年）のパイラ星人そっくりで、なんとも笑ってしまいますが。それと戦うポルカドットマンも赤や青の水玉を飛ばすんですから、ふざけているようにしか見えません。

ところが、この水玉男が泣かせるんですよ。彼は「僕だってスーパーヒーローだ！」と叫ぶんです。こんなどうしようもない落ちこぼれでも、命をかけて人々を守ろうとした時にヒーローになるんです。

そして、ラットキャッチャー2は、ドブネズミの大群を集めてスターロに立ち向かいます。その時彼女は、父親ラットキャッチャー1（タイカ・ワイティティ）が言った言葉を思い出します。

「ドブネズミは、動物の中で最も蔑まれ、卑しいと思われている。でも、彼らだってこの世に存在する理由があるはずだ。ドブネズミにさえ存在する理由があるなら、誰の人生にだって意味があるはずだ」

これは、フェデリコ・フェリーニ監督の『道』（1954年）で苦しい人生を歩んできた大道芸人ジェルソミーナに、道化師が言う言葉が元だと思います。

「石ころ一つですら神様が作ったんだから、何かの理由があるんだよ。君の人生に意味がないわけがないじゃないか」

それこそがジェームズ・ガンが描き続けているテーマですね。

ブラッドスポートに「死んじまえ！」と毒づいていた娘は、テレビで父親が世界を救うのを見て「これが私のパパよ！」と誇らしげに叫びます。

ちなみにガンは、『ザ・スーサイド・スクワッド』を作ることが決まる直前、2017年頃に子どもを授かったことを、後に明かしています。

『ザ・スーサイド・スクワッド』はコロナ禍の最中に公開されたこともあって、興行成績はよくなかったんですが、それでも、陰鬱な作品ばかりだったDCユニバースに明るく陽気な路線を示して、ファンや批評家からは支持されました。そしてスーサイド・スクワッドのメンバーと同じく、ガンは映画監督として汚名をすすぎ、『ガーディアンズ・オブ・ギャラクシー3』の監督に再雇用されました。

とはいえ、ジェームズ・ガン作品にはヒーローへの愛と憎しみと並んでもう一つの暗黒面があります。父親に対する愛と憎しみです。それについては本書の最終章で徹底的に論じていきます。

ピーター・パーカーは十字架を背負う

『スパイダーマン：ノー・ウェイ・ホーム』

2021年
監督 ジョン・ワッツ
出演 トム・ホランド、ゼンデイヤ、ベネディクト・カンバーバッチ、ジェイコブ・バタロン、ジョン・ファヴロー、ジェイミー・フォックス ほか

ジョン・ワッツ監督の『スパイダーマン：ノー・ウェイ・ホーム』は大傑作！

『ノー・ウェイ・ホーム』はトム・ホランドが主演するスパイダーマン・シリーズの三作目、

つまり『ホームカミング』（2017年）、『ファー・フロム・ホーム』（2019年）に続く完結編です。しかも、トビー・マグワイア主演の『スパイダーマン』三部作（2002〜07年）、アンドリュー・ガーフィールド主演の『アメイジング・スパイダーマン』二部作（2012〜14年）までまとめて総括しています。

そして、『ノー・ウェイ・ホーム』は、「ヒーローとは何か？」どころか「善悪とは何か？」という根源的な問いかけをしている野心作だったんです。

歴代ピーターは暗かった

トム・ホランド演じるピーター・パーカーは今まであまりに明るく屈託がなかったから、本作で彼が迎えるあまりに悲しい結末に驚いた人も多いでしょう。

トビー・マグワイア扮するピーター・パーカーは、憂鬱な表情の青年でした。ブルックリンの貧しい家で育ち、メガネをかけ、やせっぽちでおとなしいイジメられっ子だったんです。そのピーター・パーカー像は原作コミックと非常に近いもので、裕福ではないユダヤ移民の家庭で育ったオタク少年だった、原作者スタン・リーの人生が反映されていると言われています。

続く、アンドリュー・ガーフィールドのピーター・パーカーは背が高くハンサムで、陰気ではないものの、やはりいつも曖昧な笑顔を浮かべて、弱々しい声で話す青年でした。つまり、どちらかというと影のある俳優がピーター役に選ばれてきたわけです。

こうした従来のピーター・パーカー像を打ち破ったのが、トム・ホランドです。体格はトビー・マグワイアよりやや小さいものの、彼はとにかくずっと能天気に軽口を叩き続けます。敵に打ちのめされても、明るく前向きにそれを乗り越えていきます。

先輩スパイダーマン二人と違って、トムのパーカーに屈託がないのは、ネッド（ジェイコブ・バタロン）という親友がいることもありますが、もっと大きな理由があります。彼は、スパイダーマンが背負うべきものを背負わずにきたからです。でも『ノー・ウェイ・ホーム』では、その運命がついに彼を捕まえます。

なぜヒーローはマスクをかぶるのか

スパイダーマンは、前作『ファー・フロム・ホーム』で、ミステリオ（ジェイク・ジレンホール）というヴィランと対決しました。ミステリオは巧みなメディア戦略で、自分をヒーローのように演出しました。スパイダーマンはなんとか彼に勝利しますが、戦闘中の映像を都合よく編集されて「ヒーローであるミステリオを罠にはめて殺した悪人」に仕立て上げられてしまいます。

『スパイダーマン:
ファー・フロム・ホーム』
（2019年）

スパイダーマン叩きをするのは『デイリー・ビューグル（進軍ラッパ）』というタブロイド誌で、これは実在の新聞『ニューヨーク・ポスト』紙がモデルになっています。デイリー・ビューグルの編集長はJJJことJ・ジョナ・ジェイムソン。彼を演じるのは、サム・ライミ版と同じくJ・K・シモンズです。

『ノー・ウェイ・ホーム』のJJJは、インターネットを使ってスパイダーマンへのヘイトを煽ります。このJJJは、アレックス・ジョーンズという実在のデマゴーグをモデルにしています。アレックス・ジョーンズは「InfoWars」というネットニュースで、反ワクチン運動や不正選挙などのデマや陰謀論を拡散しています。

JJJは、スパイダーマンの正体がピーター・パーカーであることも世間に暴露してしまいます。それで、彼の友達ネッドや恋人MJ（ゼンデイヤ）、保護者であるメイおばさん（マリサ・トメイ）までもが危険にさらされたうえ、名門校マサチューセッツ工科大学への入学資格まで取り消されてしまいます。

本作では軽いタッチで描いていますが、これは、ヒーローがマスクをかぶったりして正体を隠す理由をずばり示しています。そうしなければ私生活は破壊され、家族や友人が敵に狙われるんです。

ヴィランを救え

困ったピーターはヒーロー仲間であるドクター・ストレンジ（ベネディクト・カンバーバッチ）を頼り、魔法を使ってすべての人の記憶から「スパイダーマン＝ピーター・パーカー」の記憶を消してもらおうとします。ドクター・ストレンジがその呪文を唱え始めると、ピーターは「あ、ＭＪとネッドの記憶は消さないで」とか言って割り込んで、ドクター・ストレンジを邪魔します。落ち着きがなく、行動の抑制ができないトムのピーターのおしゃべり癖は、多動症的ですね。

ピーターに邪魔されたせいで魔法は失敗し、別の多元宇宙《マルチバース》からヴィランたちを召喚してしまいます。トビー・マグワイアがピーターを演じているスパイダーバースからは、グリーン・ゴブリンとドクター・オクトパスとサンドマン、アンドリュー・ガーフィールドのスパイダーバースからはリザードとエレクトロが現れました。

彼らはみんな強力な敵ですから、ドクター・ストレンジはすぐに元のユニバースに送り返そうとします。ところがピーターはそれに反対するんです。元のユニバースに戻ったら、彼らは死んでしまうだろうから、と。

つまり『ノー・ウェイ・ホーム』におけるスパイダーマンのミッションは、今までスパイダーマン・シリーズでスパイダーマンが倒してきたヴィランたちを救うことなんです。そのために、ピーターは非常に大きな犠牲を払い、世界から孤立していきます。

ピーターの決断はおかしなものに見えるかもしれませんが、その理由は『スパイダーマン』というシリーズの特殊性から必然的に導き出されています。

それはつまり、『スパイダーマン』シリーズのヴィランは、本質的に邪悪ではない、ということです。

怪人スパイダーマン

『ノー・ウェイ・ホーム』の脚本を書いたクリス・マッケナとエリック・ソマーズは、打ち合わせや執筆の間、ずっとサム・ライミ監督の『スパイダーマン2』を流しっぱなしにしていたそうです。そう、手本にするために。

『スパイダーマン2』はシリーズ中の最高傑作だと言われています。そこには『スパイダーマン』のエッセンスが詰まっています。

『スパイダーマン2』でスパイダーマンを狙うドクター・オクトパスことオクタヴィアス博士（アルフレッド・モリーナ）は、もともとはピーター（トビー・マグワイア）が尊敬する、善良な科学者でした。しかし、実験中の事故で奥さんを亡くし、そ

『スパイダーマン2』（2004年）

れをスパイダーマンのせいだと誤解したうえに、体につけたタコの足のようなマシンに人格を乗っ取られ、狂暴化してスパイダーマンを襲います。だからピーターは彼と戦って傷つけたくない。そのヴィランとの関係性に『スパイダーマン』というヒーローの特殊性があります。

トビー・マグワイア版の一作目『スパイダーマン』（2002年）のヴィラン、グリーン・ゴブリンも、元はノーマン・オズボーン（ウィレム・デフォー）という科学者でした。彼は軍事産業で儲けようとする実業家でしたが、犯罪に手を染めたことはありませんでした。しかしオクタヴィアス博士と同じく、科学実験の副作用によって狂暴化します。デフォーによると、オズボーン博士のキャラクターはスティーヴンソンの小説『ジキル博士とハイド氏』を意識しているそうです。ジキル博士は新薬で自分の中の悪の人格をハイド氏として分離しますが、次第にハイドがジキルを乗っ取っていきます。

『アメイジング・スパイダーマン』（2012年）のヴィランであるリザードも、元はコナーズ博士（リス・エヴァンス）という心優しい科学者でしたが、爬虫類の再生能力を人間に付与する実験に失敗し、オオトカゲのような怪物になって、す

『スパイダーマン』
（2002年）

『アメイジング・
スパイダーマン』
（2012年）

べての人間を爬虫類に変えるという狂気に取り憑かれます。

そして、科学者志望の青年だったピーター・パーカー自身も、放射線を浴びた蜘蛛にかまれて蜘蛛男になりました。

つまりスパイダーマンは、運よく狂気に囚われなかっただけの「怪人」なんです。

ヒーローとヴィランを分かつ楔

一方で、狂気に取り憑かれているわけではないヴィランもいます。

『スパイダーマン3』（2007年）のヴィラン、サンドマン（トーマス・ヘイデン・チャーチ）はやはり科学実験に巻き込まれて流動性の砂男になります。彼はもともと犯罪者ですが、自分の欲望のためではなく、病気の娘の手術代を稼ぐためにやむなく犯罪に手を染めた男でした。彼の言う「俺は悪い人間じゃない。運が悪かっただけだ」という言葉が哀れです。

もっと哀れなのは、『アメイジング・スパイダーマン2』（2014年）のエレクトロ（ジェイミー・フォックス）です。彼は電気工として地道に働いてきましたが、気弱な性格で見た目も冴えない彼を人として扱わずに踏みにじる連中への憎しみを、自分でも気づかないうちに心に秘めていました。そん

『スパイダーマン3』
（2007年）

な彼が事故によって帯電人間になった時、心に秘めていた憎しみが世間に対する復讐心となって爆発します。

グリーン・ゴブリンだけでなく、どのヴィランも善と悪の二面性を抱えた普通の人間なんです。いや、悪人とは普通以上に不幸な存在なのかもしれません。

『アメイジング・スパイダーマン2』（2014年）

ピーターだって、決して恵まれた人間ではありませんでした。特に原作のピーターは経済的に貧しく、体も貧弱で、しかもおそらくユダヤ系で、様々な差別の被害者でした。だからエレクトロに共感したわけで、ピーターもエレクトロのように犯罪に走る可能性があったわけです。

実際、『スパイダーマン3』ではピーター自身が、宇宙生物シンビオートに寄生され、暗い欲望を解放させられます。シンビオートに取り憑かれたピーターや、同じくシンビオートによって生まれたヴェノム（トファー・グレイス）は、まさに悪のスパイダーマンでした。

つまり、スパイダーマンのヴィランは基本的に「ピーターがそうなっていたかもしれない姿」であり、スパイダーマンの影、鏡に映ったダークサイドなんです。『ファー・フロム・ホーム』のミステリオもそうですね。そもそも、彼はただ名誉欲のためにヒーローになろうとした男でした。でも、スパイダーマンだってそうなるかもしれなかったんです。

でも、そうはならなかった。なぜピーターは悪や名声の誘惑に耐えていけるんでしょう？

それは彼の心に楔《くさび》が打ち込まれているからです。原作のコミックでも最初の映画版でも、ピーターがスパイダーマンとしての能力を得てすぐに、育ての親であるベンおじさんが亡くなります。こう言い残して。

「大いなる力には大いなる責任が伴うんだ」

その言葉は楔としてピーターの心に深く突き刺さり、彼の「大いなる力」を欲望や復讐のために使うことを封じたんです。

その楔こそが、マグワイアのピーターや、ガーフィールドのピーターの暗さの正体だったのではないでしょうか？

トラウマなきホランド

一作目のラストで、マグワイアのピーターは密かに愛していたＭＪ（キルスティン・ダンスト）から「あなたを愛しているの」と告白されます。しかし、彼は、それを喜んで受け入れることができず、心の中でこうつぶやきます。

「僕はスパイダーマンなんだ」

つまり、大いなる責任を背負うものは、個人の幸福を追求できないのだと。

そのラストシーンは、サム・ライミ監督が『スパイダーマン』のプロトタイプとして作ったヒーロー映画『ダークマン』（1990年）のラストとまったく同じです。

ダークマン（リーアム・ニーソン）は、「あなたを愛しているの」と言う女性ジュリー（フランシス・マクドーマンド）に背を向けて「僕はダークマンだ」と自分に言い聞かせます。闇の男《ダークマン》として悪と戦うのが自分の使命なのだ、と。

ガーフィールドのピーターは、ベンおじさんの死に加えて、『アメイジング・スパイダーマン2』（2014年）で恋人グウェン・ステイシー（エマ・ストーン）の死まで背負います。さらに『アメイジング・スパイダーマン』シリーズはこの二作目で打ち切りになり、ガーフィールドは実生活でも同棲していたエマ・ストーンとも別れることになり、大きなトラウマを抱えることになったと言われています。

それに比べると、トム・ホランド扮するピーターは、今まで映画の中で何も心に傷を負ってないんですね。少なくとも映画の中においては、ベンおじさんの死も看取っていない。彼の無邪気な能天気さはそれゆえだったんでしょう。つまり彼は、まだ「大いなる責任」という楔を刺されていなかったんです。

『ダークマン』
（1990年）

トロッコ問題と功利主義

話を『ノー・ウェイ・ホーム』に戻しましょう。そんなトム・ホランドのピーターが「ヴィランたちを救おう」と言うと、ドクター・ストレンジは「彼らの犠牲は、彼らの命以上に大きいんだ」と言って反対します。

つまり、ヴィランたちは狂気に取り憑かれているうえにパワーがあるので、放っておくと市民に大量の犠牲が出る可能性が高い。だから、ヴィランたちの命を犠牲にしてでも、多くの人々を救うという選択をするべきだと。

ここで、ピーターは、いわゆる「トロッコ問題」に直面します。「トロッコ問題」とは、暴走するトロッコの行く手には線路が二つに分かれていて、片方には5人が立っており、もう片方には一人が立っている。このままトロッコを放置すれば、5人は確実に轢き殺されてしまう。もしレバーを引いてトロッコの進路を変更すれば5人を救えるが、代わりに一人を犠牲にすることになる。こちらはレバーを引いて進路を切り替えることしかできない。さあ、どうする？という究極の選択ですね。

で、ドクター・ストレンジの「少ないほうを犠牲にして、多いほうを救おう」という選択は、いわゆる「功利主義」と呼ばれる考え方です。これはイギリスの哲学者ジェレミー・ベンサム（1748～1832年）が「最大多数の最大幸福」という言葉にまとめた考え方です。

功利主義の英語の原語は、ユーティリタリアニズム（Utilitarianism）と言います。Utilityとは、「効用、実利」すなわち「役に立つ」という意味です。つまり「コストパフォーマンス重視の道徳」ですね。ちょっと現実的というか冷酷な感じがしますが。大人の選択というか、ドクター・ストレンジらしい考え方です。アイアンマンも同じことを言いそうですね。なぜなら、彼らは大人だから。

子どもの正義

でも、キャプテン・アメリカは、「100人を救うために一人を見捨てよう」なんて言わないでしょう。おそらくDCヒーローのシャザムも言わないはずです。なぜなら、彼らの心は少年だから。

現実の大人の世界は、100人を救うために一人を見捨てる論理で動くことがほとんどです。政府も大企業もそうです。一方で「無理かもしれないけど、どうしてもみんな救いたい」と願うのが子どもで、その無理を可能にする力を与えられた子どもがキャプテン・アメリカやスパイダーマンなんでしょう。

スーパーマンもバットマンに比べれば、純粋でイノセントなヒーローです。ザック・スナイダー監督は、『マン・オブ・スティール』（2013年）で、スーパーマンにゾッド将軍を殺させました。将軍が目からの熱線で一般市民を殺そうとしたからです。他に手段がなかったという展開でしたが、この選択はスーパーマンらしくなかったですね。

「誰も捨てない、全員救う」という選択が批判されるのは、それができる可能性が低いからです。功利主義の立場からすると、努力しても結果が伴わなければ意味がないわけです。たしかに、「結果が出るかどうか」を重視し、損得勘定で判断をするのは大人の考え方です。でも、それってヒーローっぽくないと思いませんか？

『マン・オブ・スティール』（2013年）

ベンおじさんが言っていた「大いなる責任」とは、大いなる力を持ったヒーローに課せられた、人間には不可能な選択をする「義務」ではないでしょうか？

カントの義務論

功利主義と対立する考えに「義務論」というものがあります。それはドイツの哲学者、イマヌエル・カントが唱えた考えで、結果ではなく、行為の動機を重視します。選択の正しさは役に立つかどうかではなく、動機が正しいかどうかで決められるべきだとカントは言いました。そして「正しい動機とは、義務に従ったかどうか」だとしました。

では、「義務」とは何か？　カントは、「何の条件もなしに絶対に守らなければならないこと」と定義しました。この「何の条件もなしに」が重要です。人が「絶対に守らなければならないこと」でまず思いつくのは「人を殺さないこと」ですね。トロッコ問題が難しいのは、「5人を殺さない」という義務を果たすために一人を殺しては、義務に反してしまうからです。

この場合、結果よりも動機を重視する義務論によれば、一人も殺さない方法を何がなんでも採るしかなくなる。だからカント的にはピーターが正しいわけです。ちなみに義務論に従うと、死刑や戦争も間違いです。

「それは理想論だ。誰かを犠牲にせざるをえない時もある」と言う人も多いでしょう。人間には無理かもしれません。でも、「大いなる力」を持つ者なら？　決して誰も見捨てないで戦う。それが「大いなる力」を得たスーパーヒーローの「大いなる責任」なのではないでしょうか？

ちなみに義務論では、「あなたと同じ決断を他のすべての人がしたとして、あなたはその世界で生きたいか？」と自己に問うことが求められます。トロッコ問題の場合、「5人のために一人を見殺しにする世界で生きたいか？」と問われて、「生きたい」と即答する人はどのくらいいるんでしょうか。

「誰かを見捨てず、最後の一人まで救おうとする世界で生きたい」と思う人のほうが多いと思いますよ。

心貧しき者は幸いなり

ちなみにピーターという名前は、キリストの一番の使徒だった聖ペトロの英語名です。新約聖書の使徒言行録の10章には、ペトロが神からこんなお告げを受けたと書いてあります。

「どんな人間も、清くないとか、汚れているとかいって区別してはいけません」

『ノー・ウェイ・ホーム』のピーターもヴィランたちを救おうとします。彼らは罪人なのに……いや、罪人だからこそ。

キリストも、ピーターと同じ考えを語っています。

「心の貧しい者は幸いである。天国は彼らのものなればなり」

これは逆説的な言葉で、実際は心の貧しい人は世界でいちばん不幸な人です。自分は不幸だと思っているから、人を妬み、憎み、恨み、傷つけるわけです。だから、「彼らこそ世界でいちばん救いを求めている人だ」とキリストは言うんです。

仏教もそうですね。浄土真宗に「悪人正機」という考えがありますが、「煩悩に心を乱されている人たち」を救うためにこそ仏の教えがあるということです。

メイおばさんの楔

ドクター・ストレンジはヴィランたちを元のユニバースに戻そうとしますが、ピーターはそれを邪魔して、ヴィランたちを連れて逃げ、彼らの悪徳や狂気を「治療」しようとします。

しかし、オズボーンは自分の中の「ハイド氏」であるグリーン・ゴブリンに支配されてしまい、ピーターを裏切って、メイおばさんを死なせてしまいます。

グリーン・ゴブリンは「人助けは仇になるぞ」とピーターの理想主義を揶揄しますが、メイおばさんは死の間際に「あなたは正しかった」とピーターの選択を支持します。どんな人にもやり直すチャンスが与えられるべきだから、と。そして、こう言います。

「大いなる力には大いなる責任が伴うのよ」

ついにトム・ホランドのピーターにもヒーローの楔が打ち込まれたんです。

君はアメイジングだ

でも、さすがに今回ばかりはスパイダーマンの「大いなる力」でも解決不可能な事態です。ただ、その力が3倍なら？

ということで、先輩スパイダーマンのトビー・マグワイアとアンドリュー・ガーフィールドが助っ人として現れます。3人は科学者として力を合わせて、すべてのヴィランを救おうとします。

過去のスパイダーマンたちを登場させるうえで脚本チームのクリス・マッケナとエリック・ソマーズが非常に気を遣ったのは、アンドリュー・ガーフィールドの扱いだったそうです。アンドリュー・ガーフィールドの『アメイジング・スパイダーマン』シリーズは興行成績が振るわず、三作目は作られないまま製作が打ち切られてしまいました。アンドリュー・ガーフィールドはそのことで大きなショックを受けたと言います。

しかも、先に述べたように『アメイジング・スパイダーマン』でピーターの恋人グウェン・ステイシーを演じたエマ・ストーンとアンドリューは、私生活でも交際していたんです。僕が取材で二人に会った時も仲睦まじく微笑ましかったんですが、『アメイジング・スパイダーマン2』でグウェン・ステイシーが死ぬと共に、私生活でも二人は破局します。

だから「僕はグウェンを失った……」と言いながら涙ぐむアンドリューは、演技を超えて胸に迫るものがあります。

彼の挫折感は、その後のアンドリュー・ガーフィールドの出演作にも反映されているように思います。『沈黙 - サイレンス - 』（2016年）では、キリスト教が禁止だった日本に渡ったカトリックの伝道師役で、彼は政府による宗教弾圧の果てに信仰を捨てるように迫られます。『アンダー・ザ・シルバーレイク』（2018年）はハリウッドで成功を目指したが挫折した青年役で、思いを寄せていた女性にも捨てられて、その敗北感と孤独感から陰謀論にのめり込んでいきます。

そんなアンドリューのピーターは、『ノー・ウェイ・ホーム』の中でも他のピーターに対して劣等感を抱いているように見えます。

「今までどんなヴィランと戦ったの？」

トム・ホランドに聞かれたトビーは「黒くてベタベタしたエイリアンと戦ったよ」と言います。『スパイダーマン3』に登場したヴェノムですね。それを聞いたトムは「僕も宇宙でエイリアンと戦ったよ！」と『アベンジャーズ／インフィニティ・ウォー』（2018年）でサノスたちと戦った経験を話します。それを聞いていたアンドリューは「はぁ……」と暗い顔をするんです。

「君たちはスケールがでかいなぁ……。僕なんかせいぜい、サイの格好をしたロシア人とかだよ」これは『アメイジング・スパイダーマン2』に登場したライノのことですね。

そう言ってうなだれるアンドリューの肩をトビーが抱いて

「そんなことないよ」と励まします。

「君はアメイジング（素晴らしい）だよ！」

『アベンジャーズ／インフィニティ・ウォー』（2018年）

これが、マッケナとソマーズがアンドリューのためにどうしても入れたかったセリフなんですね。

ヒーローはなぜ孤独か

「私はどこにも行かないよ」

そう言ってMJ役のゼンデイヤがトム・ホランドを抱きしめます。私生活でも恋人同士の二人をじっと見つめるアンドリュー。僕とグウェンにもあんな頃があったな……みたいな表情で。

アンドリューのピーターはグウェンの死から立ち直れず、今も一人なんです。でも、トビーもMJ（キルスティン・ダンスト）との関係は「複雑だね」と言います。

トビーのピーターは、『スパイダーマン3』でMJ（キルスティン・ダンスト）にプロポーズしました。MJとピーターが結ばれる展開は原作のコミックにもありますが、二人は結婚した後も大変なんですね。なにしろピーターは夜中になるとスパイダーマンになってベッドを抜け出していくので……。

うまくいかないのは恋愛だけじゃないです。ピーターの親友ネッド（ジェイコブ・バタロン）は、トビーに「僕の親友は死んじゃったよ」と言われます。これはハリー・オズボーン（ジェームズ・フランコ）のことですね。それを聞いたネッドはゾッとします。ピーターに関わっていると、みんな不幸になってしまうのではないか……と。

ヒーローとしての責任と、恋愛や友情は両立しにくい。ヒーローとして生きる以上、愛する者を危険にさらしてしまうから。ヒーローがマスクで顔を隠し、孤独な存在として生きることが多いのには、ちゃんと必然性があるんです。

三つの贖罪

『ノー・ウェイ・ホーム』における最後の大決戦は感動的です。それは3人のスパイダーマンがそれぞれの贖罪を果たすからです。

グウェンを救えなかったアンドリューは、高所から落下するＭＪを救います。その時の彼の涙の笑顔。

トムのピーターはメイおばさんを殺したグリーン・ゴブリンを殺そうとします。それを止めたのは、トビーのピーターでした。ピーターは自分のユニバースでＭＪの命を危険にさらしたグリーン・ゴブリンに復讐しましたが、それで心が晴れるどころか「暗闇に落ちた」と言っていました。

トビーはグリーン・ゴブリンことオズボーンを救い、自分の罪を贖います。トムもオズボーンを救うことで、メイおばさんが彼に課したヒーローとしての責任を全うします。

幸福か、使命か

そして、トムのピーターはドクター・ストレンジの魔法によってＭＪやネッドの記憶から消えることを選択します。トム・ホランドのピーターが能天気だったのは、彼がそれまでのスパイダーマンと違って、友情や恋愛といった若者らしい楽しみを享受しつつ、スパイダーマンとしても活動できていたからです。先輩スパイダーマンとは違い、彼だけは自分の幸福とスーパーヒーローの活動と両立させていたんです。

でも、そんなことをしていると、愛する人たちを不幸にしてしまうとピーターは知りました。アイアンマンも、『インフィニティ・ウォー』の後、家族と暮らすという個人的な幸福を求めて、一時的に引退していました。キャプテン・アメリカも『アベンジャーズ／エンドゲーム』（２０１９年）の後、愛するペギー・カーターと人生をやり直すためにキャプテン・アメリカの職責をファルコンことサム・ウィルソンに譲って引退します。『ダークナイト ライジング』（２０１２年）のバットマンもそうでした。ゴッサム市民を救うために殉職したと偽装したブルース・ウェイ

『アベンジャーズ／エンドゲーム』（2019年）

ンは密かにヨーロッパに逃れ、キャットウーマンと幸せに暮らします。

どのスーパーヒーロー映画を観ても、ヒーロー活動と幸福な私生活は基本的に両立不可能なんです。

『ダークナイト ライジング』（2012年）

あれか、これか

セーレン・キェルケゴールというデンマークの哲学者は、「哲学の道を歩むために自分自身が幸福になってはいけない」と考えて婚約者と別れて、『あれか、これか』という本を書きました。人生においては、欲しいものを「あれも、これも」手にすることはできない。「あれか、これか」どちらかを選ぶしかないと。

『ノー・ウェイ・ホーム』のピーターは、「個人的な幸福を捨て、人々の幸福のために生きる」という決断をし、すべての人の記憶から消えました。MJとの愛も、ネッドとの友情も、ピーターしか知らない、まるで夢かまぼろしだったかのように消えました。

これを観て、僕は『最後の誘惑』（1988年）という映画を思い出しました。この作品には、グリーン・ゴブリンを演じたウィレム・デフォーがイエス・キリスト役で主演しています。キリストは聖書のとおり十字架にかけられ、聖書に書かれたとおり「神よ、なぜ私を見捨てるんですか」と嘆きます。

すると、なんと彼は死ぬ前に赦免されて、十字架から降ろされます。助かったキリストは以前から愛していたマグダラのマリアと結婚し、子どもをもうけて、平凡な家族の父親として幸せに暮らします。でも、それは実は悪魔がキリストに見せた幻覚でした。

つまり『ホームカミング』と『ファー・フロム・ホーム』のピーターの幸福な学園生活も、キリストが見せられた幻覚みたいなものだと思ったんです。だって、結果としてピーターの心の中にしか残らなかったんですから。

『最後の誘惑』とは、「この幸福を捨てても、十字架の上で死ぬことを選ぶのか?」という悪魔のテストだったことがわかります。そして、キリストは死ぬことを選びます。

もし、彼が個人的な幸福を優先して人々の罪を背負って死ななかったら、キリスト教はなかったでしょう。キリストの生き方にならったガンジーやキング牧師が非暴力の戦いを行って、人々を救うこともなかったでしょう。

『最後の誘惑』
（1988年）

クリスマス

聖ペトロがどのような最期を迎えたのかは不明なんですが、こんな伝説が残されています。ペトロはキリストの死後、ローマで伝道をしていましたが、皇帝ネロの激しいキリスト教弾圧は激しさを増し、守るべき家族もあったペトロはついにローマから逃げ出すことにしました。彼がローマから遠ざかっていくと、道の向こうから天に召されたはずの師キリストが歩いてくるではないですか。

「主よ、どこに行かれるんですか?」ペトロが尋ねると、キリストは「ローマです」と答えました。「あなたが私の民を見捨てて去ろうとしているので、私が代わりに行くんです」

それを聞いて自分の使命に気づいたペトロは、一人踵を返してローマに戻り、師と同じように十字架に架けられて殉教しました。今では彼はローマ教会最初の教皇とされています。

ピーターは、人々を救う道を選びました。個人の幸福を捨てた彼には、もう帰るべき家はありません。まさに「ノー・ウェイ・ホーム」です。メイおばさんの墓前で、ジョン・ファヴロー扮するハッピー（幸福）に別れを告げるのも象徴的です。

孤独なアパート暮らしを始めたピーターは、『スター・ウォーズ』の悪役パルパティーン皇帝のレゴ人形を机に置きます。『スター・ウォーズ』旧三部作の結末も、ルーク・スカイウォーカーが、銀河系を救った英雄だとは誰にも知られぬまま、平和を祝う人々から離れて、一人孤独に亡き父を茶毘《だび》に付す場面で終わります。

無邪気な高校生だったピーターは消えましたが、彼はヒーローとしての覚悟を背負ったスパイダーマンに生まれ変わりました。スパイダーマンは雪が舞い散るクリスマスの夜空に跳んでいきます。

クリスマスは救世主の誕生日ですから。

Captain Marvel

“笑いなよ”という呪縛

『キャプテン・マーベル』

2019年
監督 アンナ・ボーデン、ライアン・フレック
出演 ブリー・ラーソン、サミュエル・L・ジャクソン、ベン・メンデルソーン、ジャイモン・フンスー、リー・ペイス ほか

公開前からバッシング

アンナ・ボーデンとライアン・フレック監督による2019年公開の映画『キャプテン・

マーベル』。キャプテン・マーベルは、ひとことで言えばマーベル・コミックス版スーパーマンです。空も飛べるし、手からブラストを発射できる。パワーの面では、マーベルで最強のヒーローといえます。

『キャプテン・マーベル』は、2019年の3月に公開されましたが、その一ケ月も前からバッシングとボイコットが始まりました。その頃はまだテスト試写を行っている程度で、ほとんど誰も観ていないにもかかわらず、ロッテン・トマトやIMDbといった映画の口コミサイトのレビューがめちゃめちゃに荒らされました。観てもいない人たちが、こぞって低い点数をつけていたんです。日本のYahoo! 映画でも似たようなことがありますね。このネガティブ・キャンペーンを受けて、ロッテン・トマトは「映画が公開される前のユーザー・レビューは、今後一切掲載しない」と、ウェブサイトの仕様を変更する事態に至りました。

なぜこんなネガティブ・キャンペーンが起こったんでしょう?

「もっと笑えよ」キャンペーン

バッシングが始まったのは、2018年の9月、『キャプテン・マーベル』の予告編がYouTubeなどで公開された直後です。バッシングをしていた人たちが予告編の何を批判していたのかというと、「主演のブリー・ラーソンがまったく笑っていない」と言うんです。「ずっと仏頂面だ」と。そして、彼女が仏頂面している部分をつないで編集した動画がアップされたりして、挙げ句の果てには、編集ソフトで加工して、ブリー・ラーソンの顔を無理やり笑顔にさせた人までいました。こうして「もっと笑えよ」(Smile More)というキャンペーンが拡大しました。

この運動を扇動していたのは、ブレット・R・スミスというコミックス・アーティストです。彼はヒラリー・クリントンの政治資金の流れについて追求した『Clinton Cash』という本のイラストを描いた、熱狂的なドナルド・トランプ支持者です。ブレット・R・スミスは、ウサギになったトランプが大統領として活躍する『Thump』とか、宇宙服を着たトランプが光線銃を持ってエイリアンと戦う『Trump's Space Force』という漫画も描いています。さらにトランプがハルクみたいな筋肉もりもりの超人になってテロリストと戦う、『マイ・ヒーロー・マガデミア』というコミックもあります。これは日本の漫画『マイ・ヒーロー・アカデミア』(『僕のヒーローアカデミア』)のパロディで、「マガ」(MAGA)は「Make America Great Again」(アメリカを再び偉大に)という、トランプ元大統領のスローガンの頭文字です。

ブレット・R・スミスは実際のトランプ支援活動もしていて、FOXニュースという共和党系の右翼ニュースチャンネルに出演もしています。

このブレット・R・スミスのようなトランプ支持者は、Alt Right（オルタナ右翼）と彼ら自身によって命名されました。従来の暴力的な右翼と違って、主にネットのSNSで活動する若い層です。

デイリー・ストーマー

その後、2019年2月7日にブリー・ラーソンは『キャプテン・マーベル』について、女性誌「マリ・クレール」のインタビューに応じましたが、彼女は女性のインタビュアーを指定しました。インタビューでその理由を語っています。「今まで受けてきた取材では、インタビュアーは白人男性ばかりでした。私は女性やマイノリティの質問に答えたいんです」

この発言がまたしてもオルタナ右翼に火をつけました。

「デイリー・ストーマー」というネオナチ系のウェブ掲示板があります。ここではネオナチや白人至上主義者が会合の告知をしていました。大手のSNSではそれが禁じられているからです。2017年にはユナイト・ザ・ライト・ラリー（右翼団結）という集会がヴァージニア州のシャーロッツヴィルという街で開かれ、参加者が反対するデモ隊に自動車で突っ込んで死者が出たことがありました。その集会の告知もデイリー・ストーマーに書き込まれていました。

そのデイリー・ストーマーにブリー・ラーソンのインタビューが引用され「彼女は我々白人

男性にはこの映画を観てほしくないそうだ」と書き込まれました。これが女性やマイノリティの権利に不満を持つ層にとって「犬笛」になりました。犬笛は超音波なので犬にしか聞こえません。このように、はっきり「攻撃せよ」とは言ってないが、ある層にとっては攻撃命令になるような扇動行為を「政治的犬笛」と言います。

そして、ネット上で『キャプテン・マーベル』に対するボイコット運動が巻き起こりました。先述したように、公開前にロッテン・トマトやIMDbのユーザー・レビューに怒涛のような書き込みがあふれました。「主演の女優が白人男性に観てほしくないと言っているんだから、俺たちは観ないようにしようぜ」と。

さらにWikipediaのブリー・ラーソンの項目に「オルタナ右翼の攻撃を受けているが、白人男性に対するヘイトスピーチをしたから当然」と書き込まれもしました。

繰り返されるネガティブ・キャンペーン

映画に対するネットネガティブ・キャンペーンは、これが初めてではありません。

2017年には、『スター・ウォーズ／最後のジェダイ』を誹謗するユーザー・レビューがロッテン・トマトに大量に投稿されました。その時に先頭に立って『最後のジェダイ』への攻撃をけしかけていたのは、ポール・レイ・ラムジーという右翼系YouTuberです。彼もやはりトランプ支持者で、YouTubeなどで「『最後のジェダイ』はマイノリティに媚びている」という批判を展開しました。彼が標的にしたのは、『最後のジェダイ』でローズ・ティコというキャラクターを演じた女優ケリー・マリー・トランです。彼女はベトナム系で、ぽっちゃりした体型をしています。彼女の民族と容姿を揶揄する差別的な投稿が、彼女のInstagramアカウントに集まり、ついに彼女は全投稿を削除する事態に追い込まれました。そして、ルーク・スカイウォーカーを演じるマーク・ハミルをはじめとする関係者たちが、公式に彼女への攻撃を止めるよう呼びかける声明を出すに至りました。

2016年には、リブート版『ゴーストバスターズ』も攻撃されました。これはもともと男性4人組だったゴーストバスターズを、女性4人が演じたリブート作品です。すると、マイロ・ヤノプルスという編集者／コメンテーターが「4人の中に一人も美人がいないし、全員おばさんじゃないか！」と批判しました。ヤノプルスは、トランプ政権の最高戦略官だったスティーヴン・バノンが運営するサイト「ブライトバート」の編集者でコラムニストでした。ヤノプルスの扇動で、ゴーストバスターズのメンバーを演じた黒人コメディアンのレスリー・ジョーンズのTwitterに、彼女の人種や容姿を差別する投稿が集中し、彼女とゴリラの写真を並べたものもありました。これに対してTwitterは、ヤノプルスを永久追放して事態を沈静化させたんです。

そのほか、2018年の『ブラックパンサー』も、黒人スタッフと黒人キャストによる映画ということで公開前からロッテン・トマトにネガティブなレビューが大量に投稿されました。

こういったキャンペーンに共通するのは、ハリウッド映画が女性やマイノリティの人々を主役にすると、オルタナ右翼が「これはハリウッドを牛耳っているリベラルの陰謀なんだ!」と攻撃するパターンです。面白いことに、『ワイルド・スピード』シリーズは、アフリカ系のヴィン・ディーゼルが主役で、ハワイとアフリカ系のドゥエイン・ジョンソンやメキシコ系のミシェル・ロドリゲスらが出演し、台湾系のジャスティン・リンが監督……とマイノリティ大集合なんですが、ネットで滅多に攻撃されません。きっと筋肉系の人たちが集まっているから怖いんでしょうね。

バンブルビー

ただ、『キャプテン・マーベル』に対する「もっと笑えよ」攻撃は、ある意味、的を射ていました。それこそが、この映画のテーマといえるからです。

映画本編で、ブリー・ラーソン扮するキャプテン・マーベル(キャロル・ダンバース)が革つなぎを着ているのを見て、男性バイカーがバイク仲間だと思って、彼女に気安く声をかけます。でも、キャロルはムッとした表情を崩しません。だから、バイカーはこう言います。

「笑えよ」

するとキャロルは報復としてバイカーのバイクを盗んじゃうんですが（笑）。

この「笑えよ」のシーンは、「もっと笑えよ」キャンペーンが始まる前に撮影されたものです。「もっと笑えよ」には、とても大きな問題が隠されているんです。

２０１８年に公開された『バンブルビー』という映画もその問題に触れていました。これは変形ロボットをヒーローにしたトランスフォーマー・シリーズのスピンオフで、黄色い自動車に変形する機械生命体、バンブルビーを主役にしています。

80年代のサンフランシスコが舞台で、ヘイリー・スタインフェルドが演じる女子高生チャーリーは、大好きだったお父さんが亡くなって、お母さんが再婚したことで、家族との関係がうまくいかなくなっています。孤独な少女チャーリーはバンブルビーと友情を結びます。バンブルビーもまた、故郷からたった一人で地球に逃れてきた難民のような存在です。

チャーリーはいつも不機嫌でぶすっとした表情をしているんで、継父が誕生日に「もっと笑おう」という本をプレゼントするんです。この継父に悪気はなくて「君はもっと笑ったほうがいいと思うんだ！」みたいな感じで、結構いい人なんですけど、チャーリーは本当に頭に来ちゃうんです。

『バンブルビー』
（2018年）

笑顔を強要される女性たち

この「もっと笑えよ」攻撃に対して、ブリー・ラーソン本人が反撃しました。自分のInstagramアカウントに、アベンジャーズのメンバーを笑顔に加工した画像を投稿したんです。元は凛々しい表情をしていたアイアンマン（ロバート・ダウニー・Jr）とかキャプテン・アメリカ（クリス・エヴァンス）の口元を無理やりにやけ顔に加工したものです。彼女はそれにコメントをつけませんでしたが、要するに「男性ヒーローが凛々しい表情をしていても誰も文句を言わないのに、女性ヒーローが同じ表情をすると〝もっと笑え〟と言われるのはおかしい」ということです。

これは現実のあちこちで起こっている問題です。例えば職場で女性がバリバリに仕事をしていて笑顔がなかったりすると、男性の上司が「君、もっと笑ったほうがいいよ」とか言ったりします。「女の子は愛想よくしたほうがいいよ」とか「君は綺麗なんだから笑ったほうがいいよ。もったいないよ」とか。

この「笑顔の強制」は、家に帰っても続きます。旦那が「俺は仕事で疲れて帰ってきたんだから、家では笑顔で迎えてほしい」とか言ったりします。自分は笑顔じゃないくせにね。こういうことを言う男性はみんな「女性は男を接待することが仕事なんだ」という感覚なんです。女性をホステス扱いしてるんですね。

別に楽しくもない時に笑顔を作るのは「労働」です。ならば、その代価を払うべきです。本来は「スマイル０円」じゃないはずなんです。そして、笑顔が必要でない仕事、接客業でない仕事にまで笑顔を求めるのは差別です。なぜなら女性だけがそれを求められるからです。

スマイルという呪縛

「スマイル（笑いなよ）」は、『ジェシカ・ジョーンズ』というテレビドラマシリーズでもキーワードになっていました。

これはマーベルの女性ヒーロー、ジェシカ・ジョーンズが主人公で、彼女は「キルグレイヴ（パープルマン）」というヴィランにマインド・コントロールされます。キルグレイヴは直接的に暴力をふるったりするわけではなく、言葉でジェシカを操ります。その言葉とは「スマイル（笑いなよ）」です。

「スマイル」という呪文がジェシカを縛り、彼女はキルグレイヴの奴隷になります。自分を操るキルグレイヴに対する疑念や、怒りや悲しみが沸き上がっても、彼女はそれを心の奥に押し込めて笑顔を作ります。

ジェシカは、キルグレイヴが自分を虐待するのは、感情を抑えられない自分のせいだと自分を責め、無理に笑うんです。この二人の関係は明らかに、モラハラ／ＤＶ男と、その男の呪縛から抜け出せない女性の心理状態を象徴しています。

『キャプテン・マーベル』ではキャロルと、その師匠ヨン・ロッグ（ジュード・ロウ）との関係がそうです。ヨン・ロッグは訓練と称してキャロルを暴力で叩きのめします。キャロルが思わず感情を爆発させ、手から怒りのビーム（フォトンブラスト）を発射しようとすると、ヨン・ロッグは「ダメだ。お前は感情をコントロールできない」と叱ります。女はすぐ感情的になる。だからダメなんだ、と。

ヨン・ロッグは『キャプテン・マーベル』の最大のヴィランです。そこにこの映画のテーマがあるからです。

シュガー

『キャプテン・マーベル』の監督アンナ・ボーデンとライアン・フレックの映画は日本ではあまり公開されていませんが、『シュガー』（2008年）という映画がよかったですね。その物語は「シュガー」つまりサトウキビの産地であるドミニカ共和国から始まります。ドミニカにはメジャーリーグの選手養成所があります。だからメジャーリーグにはドミニカ系の選手が多いんです。そこで野球選手として訓練して、貧困から脱出しようとした若者が、アメリカのマイナーリーグに入ります。しかしなかなか芽が出ず、焦りの中でドラッグに溺れて、落ちこぼれてしまう……。実際にはプロとして成功できるのはほんの一握りで、多くのドミニカ人が脱落します。『シュガー』では最後に、その人たちの映像が流れます。この映画は、メジャーリーグというアメリカの巨大な産業が、ドミニカに対して行っている搾取を暴いているんです。

そんなアンナ・ボーデンとライアン・フレックという監督コンビは、『キャプテン・マーベル』に、アメリカにおける女性差別と人種差別の現実を反映させています。

ホイッスル・ウォーク

例えば、キャロルの親友マリア・ランボー（ラシャーナ・リンチ）はアフリカ系で、実家はニューオリンズです。彼女のボロボロの家は、典型的なニューオリンズの黒人の家です。かつては農場の奴隷で、奴隷解放の後も、小作人として貧しく暮らしていた南部の黒人の家なんです。サミュエル・L・ジャクソン扮するニック・フューリーが、そこでアイスティーを飲みます。アメリカでは、アイスティーは南部の飲み物です。

サミュエル・L・ジャクソンは、アメリカの奴隷制について非常に詳しい人です。例えば『ジャンゴ 繋がれざる者』（２０１２年）の取材で、彼は僕にこう教えてくれました。

「笛小路《ホイッスル・ウォーク》って知っているか？　ホイッスル・ウォークは、南部の奴隷農場があった場所に行くとあるんだよ。黒人たちは白人のための料理を作らされていた。南部はすごく暑いから、火で高熱になる調理場を白人が嫌がったからだ。南部では、家が暑くなるんで調理場は家の外の離れにあった。そこで作った料理を、黒人は白人たちの家まで運ばなければならない。しかし白人たちは黒人を虐待していたから、復讐のために料理に唾や毒を入れられるんじゃないかと恐れていた。だから白人たちは給仕をする黒人が料理に触れられないように、料理に蓋をし、笛を咥えさせ、それを吹きながら料理を運ぶよう命じた。その小路がホイッスル・ウォークだ」

人をメンデルソーンで判断してはいけない

そのマリアをタロス（ベン・メンデルソーン）というエイリアンが、「お嬢さん」（Young lady）と呼びます。「笑えよ」と同じ、無意識の女性差別ですね。マリアは「今度、私を〝お嬢さん〟呼ばわりしたら、私の足があんたの体の入っちゃいけないところに入るよ」と凄みますが、タロスは理解できなくて「それって具体的にどこ？」と質問します。すると、マリアとキャロルが声をそろえて言います。

「ケツだよ！」（笑）。

ベン・メンデルソーンはオーストラリア出身で、地元の映

『アニマル・キングダム』（2010年）

画『アニマル・キングダム』(2010年)で実在の凶暴な殺人犯を演じて、世界的に注目されました。彼の弟の恋人の少女が、テレビからエア・サプライの爽やかなラブソング「All Out of LOVE」が流れている部屋でうたた寝するのをじっと見つめるシーンの静かな狂気に戦慄させられました。

この後、メンデルソーンは、『ローグ・ワン/スター・ウォーズ・ストーリー』(2016年)とか、『レディ・プレイヤー1』(2018年)で、悪党ばかり演じてきました。

今回のタロスも、物語の中では最初、侵略者、テロリストとされ、怪物のような容貌をしているし、何よりもメンデルソーンが演じているので、いつもどおり悪役なのかと思って見ていると、途中で、故郷を侵略されて逃げている難民だということがわかります。「人をメンデルソーンで判断してはいけない」という教訓ですね。

今、世界中に難民があふれています。難民を排除したい人々は、彼らを侵略者、テロリスト呼ばわりしています。例えば、ドナルド・トランプは、イスラム諸国からのすべての入国者をテロリスト扱いして一切の入国を禁止しました(すぐに憲法違反で解除)。また、メキシコとの国境に押し寄せてアメリカ入国を求める人々を「ドラッグの売人」「ギャング」と呼びました。実際に

『ローグ・ワン/スター・ウォーズ・ストーリー』(2016年)

は、中米ニカラグア、ホンジュラス、グアテマラを支配するギャングから逃れてきた難民なのに。

そんなトランプに対する嫌味が『キャプテン・マーベル』に隠されています。傲慢なヨン・ロッグが「地球に行ったことがあるけど、シットホール（shithole）だったな」と言います。「shithole」とは肥溜式のトイレ、いわゆる糞壺のことで、トランプが実際に「難民は、（ハイチなどの）シットホールからアメリカに来る」と言ったんですよ。

当時は現職の大統領だったのにね。

『レディ・プレイヤー1』
（2018年）

怒りの解放

クライマックスで、キャプテン・マーベル（キャロル・ダンヴァース）は師匠のヨン・ロッグと対決します。彼と対峙するキャロルの頭に浮かんでくるのは、自分が子どもの頃からずっと抑圧されてきた記憶です。スポーツに参加しようとしても、軍隊に入ろうとしても「女だからダメだ。体力が違うんだ。男とは対等にできない」とずっと言われてきました。そんな風に幼い頃から蓄積してきた怒りがついに爆発して、キャロルは覚醒します。

スーパーパワーを爆発させるキャロルは、目を光らせ、歯を食いしばって鼻の穴を広げます。

その顔は、ほとんどダウンタウンの浜ちゃんです。ブリー・ラーソンは美人ですが、監督は意図的に不細工に見せています。そればかりか、キャロルは美しい金髪をなびかせるのではなく、マスクをかぶって髪をモヒカンにしてしまいます。

それも批判されました。原作のコミックでは、キャロルのコスチュームはもっとセクシーだったんです。しかし、この映画では女性らしい美しさ、セクシーさを徹底的に否定しています。「なんで女性のスーパーヒーローは綺麗にお化粧して、お尻や胸を強調するコスチュームを着せられるの？　なぜ、スーパーガールはミニスカートをはかなきゃならないの？」ということですね。

何も証明する必要はない

キャロルは、ヨン・ロッグを怒りのブラストでぶっ飛ばします。負けそうになったヨン・ロッグは、「素手で俺と対等に戦えるか、証明してみろ！」と殴り合いの戦いを挑みます。

これはよく悪党が言う「しょせん女、素手で男に勝てると思っているのか？」というセリフの変形ですね。でも、そんな挑発に乗らずに、キャロルはあっさりブラストでヨン・ロッグにとどめを刺して言います。

「何も証明する必要はない」

アメリカでも日本でも企業の幹部には女性が少ないし、女性は男性に比べて同じ役職でも給与が低かったりして男女格差が問題になります。女性も男性と対等にしろ、と言うと、男性と対等の能力があることを証明しろ、と言う人がいます。でも、男性は能力を証明しろ、なんて言われないいんですよ。

そういう差別への怒りをキャロルは爆発させます。女性がそうすると「これだから女は」と言われますが、男性が感情的になっても、「これだから男は」とは批判されません。「女は愛嬌、男は度胸」なんて言葉がありますが、なぜ女性が度胸を見せてはいけないの？　男性に愛嬌があってはいけないの？

結局、『キャプテン・マーベル』は大ヒットしました。アンチ・フェミニスト、オルタナ右翼たちの攻撃は効き目がなかったわけです。

マザー・クラーケン

映画の主題と関係なく面白かったのが「サミュエル・L・ジャクソンが〝マザーファッカー〟と言いそうで言わない」ところですね。これは彼の出演作でずっと続いているゲームです。彼が「マザーファァ……」と言いそうになるとキングコングに潰されたり、サメに食われたり……。

『アベンジャーズ／インフィニティ・ウォー』（2018年）では、ニック・フューリーが「マザーファ……」まで言った瞬間、体が塵になって消えてしまいました。

今回は猫のような生き物、グースに目を引っ掻かれて「マザー……」と言いかけます。「ついにサミュエル伯父貴の〝マザーファッカー〟が出るか!?」と思ったら……「マザー・クラーケン！」と言っていましたね。「クラーケン！」はグースの宇宙生物名です。

またしても「マザーファッカー」を言わせてもらえなかったサミュエル・L・ジャクソンでした。

SHAZAM!

スーパーヒーロー映画を観る意味とは？

『シャザム！』

2019年
監督 デヴィッド・F・サンドバーグ
出演 ザッカリー・リーヴァイ、マーク・ストロング、アッシャー・エンジェル、ジャック・ディラン・グレイザー、ジャイモン・フンスー ほか

スーパーヒーローとは何か？

2019年に公開された『シャザム！』は、DCコミックスのワーナー映画なんですが、

あのシリアスで暗いＤＣワールドからやっと、ワンダーウーマンやアクアマン、シャザムみたいな明るく楽しいヒーローが出てきて、ホッとしましたね。

でも、『シャザム！』は、明るいだけじゃなく深い。「スーパーヒーローとは何か」という本質的な問いかけをしている。しかも、まるで関係なさそうな様々な映画とつながりのある実に手の込んだ作品で、最高のクリスマス映画でもあります。

シャザムはキャプテン・マーベル

シャザムというヒーローには複雑な歴史があります。彼はもともと、１９４０年に「キャプテン・マーベル」という名前で、フォーセット・コミックスという出版社のコミック雑誌に登場しました。あの、マーベル・コミックスのキャプテン・マーベルとは違います。マーベル・コミックスという会社は、当時はまだ存在しませんでした。

キャプテン・マーベルはスーパーマン以上の人気者になりましたが、ＤＣコミックスが「キャプテン・マーベルはスーパーマンの模倣だ」と訴え、１９５３年にキャプテン・マーベルの出版は中止。それから１９６１年にマーベル・コミックスが生まれて、１９６７年に、マーベル独自のキャプテン・マーベルが始まります。

そして、古いほうのキャプテン・マーベルのキャラクターの著作権はＤＣコミックスに買われましたが、マーベル・コミックスのキャプテン・マーベルがあるので、同名のヒーロー同士がぶつからないように、「シャザム」という名前に改名されたわけです。

シャザムというのは、もともとは主人公の少年ビリー・バットソンがキャプテン・マーベルに変身する時に叫ぶ呪文でした。SHAZAMとは6人の神や英雄の頭文字で、それぞれの能力を意味しています。Sはソロモン（旧約聖書にも出てくる王）の知恵、Hはヘラクレス（ギリシア神話の英雄）の強さ、Aはアトラス（ギリシア神話の巨人）のスタミナ、Zはゼウス（ギリシア神話の主神）の力、もう一つのAはアキレス（トロイ戦争の戦士）の勇気、最後のMはマーキュリー（ギリシア神話の伝令神）のスピード。この6つの合体がシャザムです。

ビッグになりたい！

「シャザム」は、さいとう・たかをの漫画『バロム・1』（1970年）にかなり影響を与えたと思います。

バロム・1では、小学生の男の子二人が合体してスーパーヒーローになるんです。東映のテレビ番組版『超人バロム・1』（1972年）は、フルフェイスのマスクのキャラクターだったんですが、原作の漫画の『バロム・1』は、おじさんな

『バロム·1』（1970年）

んですよ。

シャザムが人気になった大きな理由の一つは、子ども（コミックスでは12歳、映画では14歳）が変身するからです。コミックのメイン読者層である少年たちにとって、スーパーマンは「憧れのカッコいい大人」だけど、シャザムは「自分がなることができる存在」なんですよ。

子どもの頃は誰でも早く大人になりたかったでしょ？　子どもの頃の自分にとって、大人になるまでの10年ぐらいはものすごく長かったでしょ？　「いつになったら大人になれるんだ」と思いませんでした？　子どもってお金はないし、自動車には乗れないし、自分の力では何もできないですからね。

『ビッグ』（1988年）という映画がありました。13歳の少年ジョシュがカーニバル（移動遊園地）でジェットコースターに乗ろうとしますが、身長制限でダメだと言われます。

そこで占いの自動販売機に「大きくなりたい」と願うと、大人（当時32歳のトム・ハンクス）に変身します。

映画の『シャザム！』では、この『ビッグ』を参考にしています。バトルの最中にデパートのおもちゃ売り場で、踏むと音が出る鍵盤カーペットが出てきますが、あれと同じものが『ビッグ』で最も有名なシーン

『ビッグ』（1988年）

に出てきます。それ以外でもあちこちに『ビッグ』の影響が見られます。

クリスマスが憎い

『ビッグ』はカーニバルが重要なポイントになっていますが、『シャザム！』もそうです。主人公ビリーは4歳の頃、カーニバルで母親とはぐれ、それ以降は孤児として育ちました。何人かの里親に引き取られましたが、どこにもなじめず、脱走を繰り返しています。「自分は孤児じゃない。母さんは自分を探しているはずだ」と信じているからです。

ビリーは新しい里親、バスケス夫妻の家で5人の里子きょうだいたちと一緒に暮らし始めましたが、食事の前のハドルにも参加せず、溶け込めません。もちろん学校にも友達はいません。いつもひとりぼっちです。

映画の冒頭で、ビリーのような孤独な少年がもう一人登場します。

1974年のクリスマス。サデウスという少年が、父親が運転する自動車の後部座席に乗っています。父親も、助手席に座る兄も、サデウスのことを「弱虫だ」とバカにします。サデウスが騒いだせいで父は交通事故に巻き込まれて下半身不随になり、ビリーと同じく、サデウスにとってもクリスマスの記憶が一生消えない心の傷になりました。

『シャザム！』の監督デヴィッド・F・サンドバーグによると、クリスマスがトラウマになるのは、ジョー・ダンテ監督の『グレムリン』（１９８４年）にならったそうです。『グレムリン』の主人公が片思いする少女（フィービー・ケイツ）は、クリスマスを憎んでいます。父がサンタクロースのマネをして煙突から家に入ろうとして、中で詰まって死んでしまったからです。

サデウスは子どもならみんな大好きなクリスマスを憎んだので、さぞかし孤独な人生だったでしょう。彼は悪の科学者ドクター・シヴァナ（マーク・ストロング）に成長します。

つまり、ビリーもそうなりかねなかったんです。

『グレムリン』
（1984年）

七つの大罪

ビリーの里子仲間のフレディ（ジャック・ディラン・グレイザー）は脚が不自由で、いじめっ子から殴られています。最初、ビリーは彼を見捨てて逃げようとしますが、いじめっ子が言った「帰ってママに泣きつけ。それともママがいないのか？」という言葉にブチ切れて、彼らに殴りかかります。ケンカになって、そこから逃げるうちにビリーは「永遠の岩」という異空間の神殿に迷い込みます。

そこで何千年もシャザムの力を守り続ける魔法使い（ジャイモン・フンスー）から、シャザムの後継者としてビリーが選ばれます。実は45年前にサデウス、つまりドクター・シヴァナも「永遠の岩」に招かれたんですが、シャザムの資格がないとされました。

シャザムの資格とは何か？

「誘惑に耐えうる純粋な心だ」

魔法使いはそう言います。

永遠の岩には、七体の邪神が封印されています。彼らはカトリック教会が人間を誘惑して悪に導く「七つの大罪」と定めている欲望や感情が具現化した存在です。


「虚栄」または「高慢」は、おごり高ぶり、他の人を見下すこと。

「強欲」は、他の人の物まで欲しがり、一人占めしようとすること。

「嫉妬」は、他の人を妬み、くやしがること。

「怠惰」は、怠け、やるべきことから逃げること。

「憤怒」は、怒り、憎しみを燃やすこと。

「貪欲」または「暴食」は、必要以上に貪ること。

「色欲」または「淫蕩」は、淫らな性的行為に耽ること。

「強欲」の邪神は他人のものを奪うような4本の腕を持ち、「暴食」は腹まで裂けた巨大な口、「色欲」はいやらしい長い舌を持っています。

サデウスは彼らに誘惑されてしまったのでシャザムの資格なしと判断されましたが、大人になってから親の財力で「永遠の岩」を発見して、「七つの大罪」を解放し、そのスーパーパワーで父と兄を殺害しました。

七つの大罪の誘惑に負けるヒーロー

ビリーのほうはシャザムの力を与えられ、「シャザム！」と唱えると大人（当時39歳のザッカリー・リヴァイ）の姿をしたスーパーヒーローに変身できるようになります。

でも、何をしたらいいのかわかりません。

ビリーはフレディとシャザムの秘密を共有しますが、二人が最初にしたのは、酒屋にビールを買いに行くことでした。日本と違って、アメリカでは未成年は絶対にお酒を買うことができないんですよ。

ビリーとフレディは生まれて初めてビールを飲むんですが、飲んでみたら苦くて吐き出しちゃう。だから、代わりにジャンクフードをお腹いっぱい食べたり、ストリップバーに行ったりします。

このへんは笑わせますが、よく見るとビリーは「七つの大罪」の誘惑に負けています。まず、ジャンクフード食いまくりの「暴食」とストリップバーの「色欲」。さらにビリーはゼウスの稲妻でATMを壊して現金を吐き出させて、その金でゲーム機を欲しいだけ買います。これは完全に犯罪で、もちろん「強欲」です。さらに、「怠惰」にも学校をサボって、「高慢」にもYouTubeで自分の力を人々に見せびらかして、ファンと一緒に記念写真を撮って小銭を稼ぎます。

これでヒーローになれるんでしょうか？

モラル・コンパス

ビリーの母は、はぐれる直前にコンパスをくれました。「コンパスはいつも正しい道を教えてくれるよ」と母は言いましたが、ビリーはそのコンパスを、母を見つけてくれるお守りとして肌身離さず持ち歩いてきました。

そして、ビリーは母親をついに見つけ出します。彼女が住んでいる建物は、「プロジェクト」と呼ばれる低所得者向けの公営住宅です。母は10年ぶりに会ったビリーに、「はぐれたのではなく、あなたを捨てたのだ」と告白します。部屋の奥から、母親の夫が怒鳴っている声が聞こえます。ビリーはコンパスを母に返します。「母さんのほうが、これが必要だ」と。

モラル・コンパスという言葉があります。それは「物語において倫理的な軸になるもの」という意味で、例えばスパイダーマンにおいては、ベンおじさんやメイおばさんがモラル・コンパスです。磁石が必ず北を指すように、ベンとメイは主人公ピーター・パーカーに正しい方角を指し示してくれます。

モラル・コンパスがなかったドクター・シヴァナは悪の道に堕ちてしまいました。それは父との関係が悪かったせいでもあります。

『シャザム』は『クロニクル』(2012年)という映画にも似ています。『クロニクル』は突然スーパーパワーを持ってしまった少年たちが主人公ですが、父親との関係が非常に悪かった男の子は悪の道に堕ちていきます。

では、ビリーのモラル・コンパスは?

なんと、フレディなんですね。

『クロニクル』
(2012年)

ミスター・ガラス

フレディは原作でもビリーのサイドキック（相棒）なんですが、映画『シャザム！』のフレディの設定は、『ビッグ』の主人公ジョシュを助ける親友ビリー（ややこしい）のほうに近いですね。フレディはおしゃべりかつ物知りで頭が切れて、主人公の「ブレーン」役です。しかもアメコミオタクで、スーパーヒーローのことなら何でも知っています。

脚が不自由で、スーパーヒーローオタク……違う映画に似たようなキャラがいましたね。そう、M・ナイト・シャマラン監督の『アンブレイカブル』（２０００年）と『ミスター・ガラス』（２０１９年）に登場するミスター・ガラス（サミュエル・L・ジャクソン）です。

体がガラスのようにもろい彼は、子どもの頃からコミックのスーパーヒーローに憧れていて、それどころかスーパーパワーを持つ人間が実在すると信じている。そして、そんな人間を見つけ出すために列車事故さえ起こす。『アンブレイカブル』ではその列車事故で奇跡的に生き残ったのが、超人的な力を持つ男デヴィッド（ブルース・ウィリス）でした。

この『ミスター・ガラス』と『アンブレイカブル』の舞台はどこか？　フィラデルフィアです。シャマランが育ち、今も住

『アンブレイカブル』
（2000年）

んでいる街です。で、『シャザム！』の舞台もフィラデルフィアなんです。

フレディもミスター・ガラスも、スーパーヒーローの動画をネットにバラまきます。どう考えても『シャザム！』は『ミスター・ガラス』を意識しています。

というか、フレディはミスター・ガラスのアンチテーゼのような存在なんです。

『ミスター・ガラス』（2019年）

ヒーローの条件

ミスター・ガラスは、スーパーパワーを持つ人間こそがスーパーヒーローなのだと思っています。しかし、フレディはこう言います。

「スーパーヒーローがヒーローなのは、スーパーパワーがあるからじゃない。人々を助けたいという気持ちが彼らをヒーローにするんだよ」

ドクター・シヴァナもスーパーパワーを持っていますが、彼はスーパーヒーローじゃなくて、スーパーヴィランですからね。

でも、自分のことしか考えられないビリーは、フレディの言葉を聞き入れません。

里子家庭で姉にあたるメアリーが一流大学に受かって、バスケス家を出ることを悲しんでいるのも理解できないビリーは「他の人のことなんか気にしないで、自分だけでナンバーワンを目指せばいい」と言って「ガンジーの言葉だ」と嘘をつけ足します。すると、メアリーは「ガンジーは絶対にそんなことを言わない」と否定します。ガンジーは人々のために自分を犠牲にした人だから。

友愛の街フィラデルフィア

その意味でも『シャザム！』の舞台がフィラデルフィアなのには意味があります。ビリーがスーパーパワーで小銭を稼ぐのは、フィラデルフィア美術館の階段の上で、『ロッキー』（1976年）の主人公ロッキー（シルヴェスター・スタローン）が駆け上がったのと同じ階段です。しかも、サバイバーの「Eye of the Tiger」がBGMとして流れています。『ロッキー3』（1982年）の主題歌ですね。

『ロッキー』のロッキーがチャンピオンの指名を受けて戦うことにしたのは、最初は「自分自身がクズでないことを証明するため」だったんですが、実は自分のためだけではありません。

当時のフィラデルフィアは不景気のどん底で、愛するエイドリアンも、その兄も、近所の少女もみんな自暴自棄になっていま

『ロッキー』（1976年）

す。そんな彼らに、ロッキーは最終ラウンドまであきらめないことで勇気と希望を示します。だからこそロッキーはヒーローになったわけです。

『シャザム！』で、赤い字でＬＯＶＥと書かれたオブジェが登場します。あれはフィラデルフィアの象徴なんです。フィラデルフィアの市のモットーは、「友愛（Brotherly LOVE）」なんです。まさに『シャザム！』にはぴったりの街ですね。

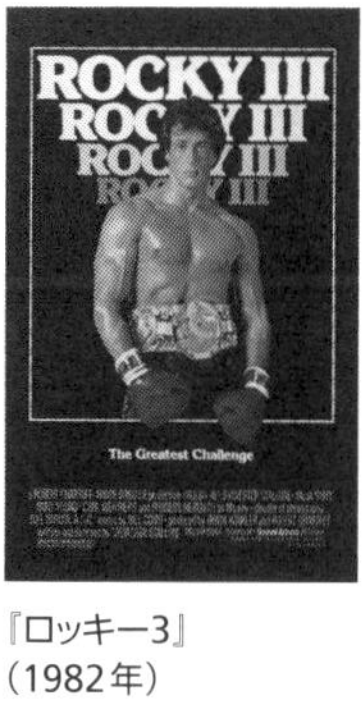

『ロッキー3』
（1982年）

クリスマス

そのフィラデルフィアのＬＯＶＥを壊そうとするのがドクター・シヴァナです。彼はシャザムの力を手に入れるため、ビリーと里親家族に襲いかかります。その際に彼が破壊するのは、クリスマス・セールをしているデパートや、クリスマスのイベントをしている移動遊園地です。彼はそれほどまでにクリスマスを憎んでいるんですね。

『シャザム！』においてクリスマスには三つの意味があります。一つは家族の絆を確かめることです。最初、孤独なビリーは、クリスマスの聖家族の飾りつけを見てつらそうにします。

二つ目は、クリスマスは人のために命を捧げたキリストの誕生日だということです。『シャザム！』では、シャザムというヒーローがこの日に誕生します。

そして三つ目は、自分以外の誰かのことを考え、何かを分かち合う日ということです。サンタクロースはその象徴です。

ビリーの里子仲間でいちばん年下のダーラは、サンタクロースを信じています。純粋な心の持ち主なんですね。まあ、子どもはみんな純粋ですが。

あれ？　魔法使いは「シャザムに必要なのは純粋な心」だと言ったはずですよね？　じゃあ、なんでビリー以外の子どもたちは選ばれないの？　みんな純粋なのに。

大丈夫、ちゃんと5人の里子全員がシャザムの力を持ちます。ここのシーンでは、アメリカの映画館で子どもたちが「わあ！」って大騒ぎでしたよ。

セブン

ビリーと5人のシャザム・ファミリーは力を合わせて、ドクター・シヴァナと七つの大罪と戦います。でも、あれ？　敵は7人しかいません。シヴァナを入れて8人のはずなのに。

「算数は得意じゃないけど、君らを数えてみたんだ」

ビリーはドクター・シヴァナに言います。

「高慢、強欲、暴食、怠惰、色欲、憤怒……七つ目の嫉妬はどこだい？」

シヴァナの顔が歪みます。

「あんただろ？　僕ら家族が幸福そうだから妬んでるんだろ？」

するとシヴァナから嫉妬の邪神が正体を現します。

どこかで聞いた話ですね。

そう、『セブン』（1995年）です。

『セブン』では高慢、強欲、暴食、怠惰、色欲、憤怒……七つの大罪を犯した人々が次々に殺されます。犯人である孤独な男ジョン・ドー（ケヴィン・スペイシー）は、刑事デヴィッド（ブラッド・ピット）と妻トレイシー（グウィネス・パルトロー）の夫婦愛に「嫉妬」して、パルトローを殺します。ジョン・ドー自身が七つの大罪を犯すわけです。

『セブン』のデヴィッドは、妻を殺された怒りでジョン・ドーを殺します。七つの大罪のひとつ「憤怒」です。

『シャザム！』のビリーもシヴァナに怒りを燃やしますが、殺しません。その寸前で助けます。

彼は「憤怒」の誘惑に負けませんでした。

『セブン』
（1995年）

大人にはなりたくない

『シャザム！』という映画は、「ヒーローとは何か？」という問いにこう答えています。それは強さとは関係ない。他の人を思いやる純粋な心なのだと。でも、それは子どもなら誰でも持っているものなのだと。子どもの心に大人の力を備えた者がヒーローなのだと。だから、実は、誰もでもヒーローになれるのだと。

『シャザム！』には、活躍するシャザム・ファミリーを見上げる子どもたちの表情を捉えたシーンがありますが、それはこの映画を観る子どもたちの表情でもあります。いや、大人でも、ヒーローを見る時は子どもみたいなキラキラした瞳をしているものです。だからスーパーヒーロー映画が作られ、子どもも大人もそれを観る意味があるのです。

エンディングに流れる歌は、ラモーンズの「I Don't Want to Grow Up」（大人にはなりたくない）。この曲はこんな歌詞です。

「疑ってばかりの大人にはなりたくない／銭勘定ばかりの大人にはなりたくない／5時のニュースを見ると、大人になりたくなくなるよ」

じゃあ、そうじゃない大人になれば？

「いや、なれないよ、人間はみんな罪深い生き物だから」と言う人もいるでしょう。でもね、8番目の大罪はなんだか知っていますか？

「絶望」なんですよ。

Shang-Chi and the Legend of the Ten Rings

家父長制というスーパーヴィラン

『シャン・チー／テン・リングスの伝説』

2021年
監督 デスティン・ダニエル・クレットン
出演 シム・リウ、オークワフィナ、ファラ・チャン、フロリアン・ムンテアヌ ほか

『シャン・チー／テン・リングスの伝説』（2021年）は、マーベル・コミックスでは画期的だった中国系スーパーヒーロー・コミックを映画化した作品です。そもそもシャン・チーは

1970年代、アメリカでブルース・リーが大ブームになったので生み出されたキャラクターでした。

　マーベル・スタジオは、黒人ヒーロー『ブラックパンサー』（2018年）をアフリカ系のスタッフとキャストで映画化して大ヒットしたので、今度はアジア系のスタッフ・キャストを起用して『シャン・チー』を2021年に映画化しました。

　これはちょっと前なら考えられないことですね。2017年、ハリウッドは士郎正宗のコミック『攻殻機動隊』を映画化した『ゴースト・イン・ザ・シェル』で草薙素子《くさなぎもとこ》という日本人のキャラクターをスカーレット・ヨハンソンに演じさせたんですよ。

　それで、原作では有色人種のキャラクターを映像化の際に白人に演じさせるのはホワイト・ウォッシュ（人種漂白）だと批判されました。特にアメリカでは役が少なくて困っていたアジア系の俳優たちにとっては、雇用機会均等の問題です。そこから短い期間で、ハリウッドの雇用機会は本当に改善されましたね。

　このシャン・チーというキャラクターは、実はアメリカでも知名度は高くありませんでした。映画版を脚色したデ

『ブラックパンサー』（2018年）

『ゴースト・イン・ザ・シェル』（2017年）

ヴィッド・キャラハムは中国系アメリカ人のコミック・マニアですが、その彼ですら「シャン・チーのコミックを読んだことがなかった」と語っています。監督のデスティン・ダニエル・クレットンは日系アメリカ人ですが、彼は子どもの頃から、コミックスはおろかテレビアニメも見ずに育った人です。この二人が、シャン・チーのコミックスを全部読んで一つの物語にまとめました。

その際、クレットン監督とキャラハムは、シャン・チーの中に自分たちの実人生と重なるところを見つけていったそうです。

犯罪帝国の息子

映画『シャン・チー』の主人公シャン・チー（シム・リウ）は、犯罪帝国のボス、シュー・ウェンウー（トニー・レオン）の息子です。

ウェンウーは神秘の力を持つ10個の腕輪「テン・リングス」を手に入れて数百年生き続け、その力を使って、暗殺や陰謀で世界の歴史を操ってきました。より大きな力を求めるウェンウーは、ターローという仙境、つまり桃源郷を探し求め、そこを守る女性イン・リー（ファラ・チャン）と戦いましたが、二人はそのままなぜか愛し合ってしまいます。

二人の間に長男シャン・チーと長女シャーリンが生まれ、この兄妹は世間から隔絶された秘密基地で育ちます。

しかし、ウェンウーを狙う悪党たちの襲撃に遭い、イン・リーは殺されます。

「なぜ母さんを守れなかった！」

ウェンウーはシャン・チーを責め、復讐をさせるため、息子にありとあらゆる殺しのテクニックを教えました。そして、14歳の彼を敵討ちに送り出します。

シャン・チーは逃げ出しました。アメリカに住んで、普通の若者として生きようとしたんです。

一方、妻を失い、子に逃げられたウェンウーは、妻が生きていると妄想するようになります。妻の魂は、妻の故郷ターローに囚われている……そう信じたウェンウーは、ターローに攻め込み、シャン・チーは伝説の楽園を守るために実の父と対決することになります。

クレットン監督は、こんな奇妙な話のどこに個人的な感情移入をしたんでしょうか。

楽園で育った監督

デスティン・ダニエル・クレットンは、1978年にハワイで生まれました。母は日系人で、曽祖父が沖縄からハワイに移民してきた人だったそうです。父親はスロバキア系の消防士でした。クレットンが育ったのは、ハワイのマウイ島にある小さな村で、彼が子どもの頃、村の人口は4000人以下だったそうです。

父親の職業が小さな村の消防士ですから、収入はあまりなく、監督の家族は貧しい暮らしでした。2部屋しかない家に子どもが5人もいて、さらにお祖母さんも同居していました。

クレットンは、小学校、中学校には通っていません。母親が福音派キリスト教徒だったからです。聖書の記述をすべて事実だと信じるキリスト教原理主義者は、進化論など、聖書に反することを子どもが教わるのを嫌って、学校に通わせないんです。クレットン家での勉強はホームスクールでした。つまり親が家で子どもに勉強を教えるんです。

家族兄弟以外ほとんど外部との接触がなく、世界から隔絶されて子ども時代を過ごした……シャン・チーの生い立ちはクレットンの人生そのものなんです。また、クレットンの育った村はターローのような地上の楽園だったでしょう。

もちろんクレットンは子どもの頃、映画もほとんど観ていません。そんな育ちをした人がどうして映画監督になったかというと、お祖母さんが買ってくれたビデオカメラが手元にあったからだそうです。テレビを見ることが許されていなかったクレットン兄弟は、ビデオ以外に娯楽がないから、自分たちで映画を作ったんです。ほとんど映像体験がないのに。これほど変わった経歴の監督も珍しいですね。

ショート・ターム

シャン・チーは14歳で初めて家を出て世界に旅立ち、アメリカで大人になりましたが、クレットンも高校で初めて外の世界と接点を持ち、大学進学のためにカリフォルニアへ行きました。大学を卒業した後は、しばらくグループ・ホームの指導員をしていたそうです。グループ・ホームとは、親を失った子、親に育児を放棄された子、親の虐待から救出された子などが、里親が見つかるまで一時的に滞在する施設で、ショート・ターム（短期）とも呼ばれるそうです。

クレットンは、このショート・タームで子どもたちをケアしていた体験を基に、最初の長編映画『ショート・ターム』（2013年）を作りました。

この作品で主人公の指導員グレースを演じたのはブリー・ラーソン。グレースもまた父親から性的な虐待を受けて育った女性です。こうした施設で働く指導員には、自分も里子として育ったり、虐待を受けたりした経験がある人たちが多いそうです。クレットンと両親の葛藤はよくわからないんですが、親の宗教的信念のために、普通でない子ども時代を強いられた経験は、彼にとっておそらく何らかのトラウマになったのではないかと思います。

『ショート・ターム』のグレースは、最後に父親と対決します。クレットン監督は、そのテー

『ショート・ターム』
（2013年）

マを『ガラスの城の約束』（２０１７年）という作品でもさらに追及していきます。

ガラスの城の約束

『ガラスの城の約束』の原作は、ジャネット・ウォールズという『ニューヨーク・マガジン』などの雑誌のゴシップ・ライターの回想記です。この本には、彼女がヒッピーのような両親によってホームレスとして育てられた経験が書いてあります。クレットンは原作を読んで「これは自分のことだ」と思って映画化権を取ったそうです。

ジャネット（ブリー・ラーソン）の父親（ウディ・ハレルソン）と母親（ナオミ・ワッツ）は定職も住所もなく、子ども3人を車に乗せて、アメリカ各地を放浪し、空き家があると勝手にそこを占拠して暮らし、もちろん子どもたちは学校に行けませんでした。

毎日がキャンプ同然の生活ですし、両親は「勉強なんてしなくていい」と言いますから、幼い子どもたちはそんな生活を楽しんでいました。でも思春期になると、「これはおかしい」と気づいていきます。

子どもたちは、親に気づかれないよう自力で勉強して、こっそりバイトもしてお金を貯めます。いい成績を取って奨学金をもらって大学に行って、両親から独立しようとするん

『ガラスの城の約束』
（2017年）

です。子どもは親に「勉強しろ」と言われると勉強しなくなるけど、「するな」と言われると勉強するようになるんですね。

ところが、子どもたちが自分から逃げ出そうとしていると知った父親は激怒して、ジャネットがせっかく貯めたお金を奪ったりして、徹底的に妨害します。この父親は、子どもは自分の所有物だと思っているんですね。

ジャネットがニューヨークで成功した後も、この父親は追ってきます。いつまでも逃げてはいられない。そう決意したジャネットは父親と対決します。ブリー・ラーソン、またしても父と対決ですよ。

『ガラスの城の約束』の無自覚な父権主義は、『シャン・チー』の父ウェンウーがそのまま引き継いでいます。彼は実の息子を殺し屋にしようとしてこう言います。

「お前はお前であることから逃げられない」

アジアのダース・ベイダー

脚本を担当したデヴィッド・キャラハムは『ハリウッド・レポーター』誌のインタビューで「ウェンウーはダース・ベイダーだ」と言っています。

ダース・ベイダーは『スター・ウォーズ』シリーズの主人公ルーク・スカイウォーカーの宿

敵ですが、その正体はルークの父親で、自分の後を継げとルークに迫ります。ダース・ベイダーには『スター・ウォーズ』を作ったジョージ・ルーカスの父親像が投影されています。ルーカスの父は軍人のように権威的な男で、いつもルーカスに自分の経営する事務用品店を継げと怒鳴っていたそうです。

でも、『シャン・チー』のキャラハムとクレットンは、ウェンウーとダース・ベイダーの違う点も指摘しています。『シャン・チー』の根底にあるのは、アジア独特の親孝行文化なのだと言うんです。つまり「子どもは親に従え、親の期待に応えろ」というアジア独特のメンタリティなのだと。

自分に反論したシャン・チーをウェンウーが「口のきき方に気をつけなさい」と叱るシーンは、実にアジア的ですね。

父もただの男

しかし、シャン・チーはだんだん気づいていきます。世界最強だと恐れていた父親の弱さに。ウェンウーの妻が殺されたのは、父が世界中で恨みを買っていたせいです。自分のせいで妻を失ったのに、その現実を直視せず息子にあたり、息子にも拒否されると、ウェンウーは、妻は死んでないと妄想し、封印されていた邪神を解き放って世界を滅ぼそうとする……どうしようもなく弱い男です。

子どもはいつか必ず「親も結局ただの人間」だと知って、大人になっていきます。父の弱さを目の当たりにしたシャン・チーは、父を恐れずに立ち向かい、倒します。しかし、息子が自分を乗り越えていくことこそ、父が最も望んでいたことなのかもしれません。

ところがシャン・チーは父の帝国を継ぐわけではありません。それを求めていたのは妹のシャーリンでした。

実写版『ムーラン』への返答

アジア的家父長だったウェンウーは、長男シャン・チーにばかりかまけていました。妹のシャーリンは兄よりも武道に熱心なのに、父は娘に武術を習わせようとしませんでした。だからシャーリンは独学で武術を習得し、兄よりも強くなりました。父の犯罪帝国を継げないシャーリンは「自分で帝国を作る」と言って、闇の闘技場を作ります。そして、最終的には念願かなって父の帝国を継いで王座につきます。

『シャン・チー』は、同じディズニーが作った実写版『ムーラン』(2020年)が受けた批判への返答になっていると思いま

『ムーラン』
(2020年)

す。

『ムーラン』はもともと中国に古くから伝わる説話で、病気で戦争に行けない父親の代わりに娘が男のふりをして戦場に出るという親孝行の話です。しかし、それを1998年にディズニーがアニメ映画化した時、テーマを大きく変えました。女として生まれると結婚することだけを強いられ、絶対に戦士になれないという時代の考え方に反逆して、女でありながら戦士になろうとするヒロインの自己実現の物語に変えたんです。

ところが2020年にディズニーが『ムーラン』を実写映画にするため中国で撮影する際、中国政府にアニメ版を見せたら「この話は中国的ではない。中国の伝統にのっとった、父親に対する親孝行の話でないと」と言われたので、そうリメイクせざるを得ませんでした。おかげで欧米では、『ムーラン』は思想的に後退した」と批判されました。中国では大々的に公開されたんですが、興行的に大コケしました。その理由は、もし日本の時代劇をハリウッドが作ったら、日本人はどう反応するか……と考えるとわかりやすいかもしれません。

『ムーラン』の失敗を経て作られた『シャン・チー』は、中国政府の顔色など気にせずに作った「家父長制くそくらえ」な映画です。中国政府がこれにどんな反応をするかが楽しみでしたが、結局、中国本土では公開されませんでした。その理由はいろいろ言われていますが、主演のシム・リウの顔つきが若い頃の習近平主席に似ていると事前にネットでバズっていたからだという説があります。似ていてもいいじゃないかと思いますが……実際に習近平主席に似ていると言われている『クマのプーさん』を禁止にしちゃうような国ですからねえ。

マイノリティ映画作家が作るマーベル大作

「いちばん個人的なことが最もクリエイティヴだ」

そう言ったのはマーティン・スコセッシですが、マーベルが製作費100億円を超える超大作『シャン・チー』に、それまで個人的な映画を作ってきたクレットン監督を起用したのが、ちゃんと成果に結びついたわけです。

スーパーヒーロー・コミックスというLarger Than Life（現実離れした）素材に、作り手の個人的な体験を通して、Lifesize（等身大）の物語として観客の心に染み込ませる。そのためにマーベルは、大予算を扱う娯楽作品を手際よく作れる職人監督よりも、低予算ながら思いをこめた映画を作ってきた映画作家をあえて起用しています。

『ブラックパンサー』もそうでしたね。そもそもブラックパンサーは、マーベル・コミックスの編集者だったスタン・リーが1966年に作り上げた黒人ヒーローです。彼は当時、黒人の人種的平等と選挙権を求めた公民権運動が勝利を収めた世相に刺激されていました。そして、コミックのブラックパンサー誕生と同時期にカリフォルニア州オークランドでブラックパンサー党という黒人から成る自警団が結成されます。

そのオークランドで生まれ育ったのが、映画『ブラックパンサー』の監督ライアン・クーグラーです。彼の映画監督デビュー作『フルートベール駅で』（２０１３年）は、オークランドで無実の黒人青年が警官に殺された実話をマイケル・Ｂ・ジョーダン主演で映画化したものでした。

クーグラーは『ブラックパンサー』でも、ヴィランのキルモンガー（マイケル・Ｂ・ジョーダン）を自分と同じオークランドで生まれ育った青年として描きました。さらにブラックパンサー党の歴史を織り込んで、個人的であると同時に政治的で、歴史的にスケールの大きな作品に仕上げました。

『マイティ・ソー バトルロイヤル』（２０１７年）もそうですね。神々の国アスガルドが滅んでいくラグナロクを描くのに選ばれたタイカ・ワイティティ監督は父方の家系がニュージーランドのマオリ族出身です。

彼の初期の作品は、マオリ族の子どもとしての思い出を描いていました。両親が酒場で飲んだくれている間、駐車場の車に置き去りにされる子どもたちとか、子育てを放り出して犯罪に走った父親を愛する少年の話などです。マオリ族のアルコール

『フルートベール駅で』
（2013年）

依存症や貧困、犯罪は問題になっています。マオリ族はかつて誇り高き戦士でしたが、英国に侵略され、征服され、その民族的なトラウマから立ち直れていないとも言われています。よく考えると、ソーとラグナロクで故郷を失った神々も同じです。彼らはかつては神だったのに国を失い、今は地球の小さな村で観光だけで何とか暮らしています。その敗北感の中でソーも酒に溺れていました。

　クレットンは日系、クーグラーはアフリカ系、ワイティティはマオリ系。今までハリウッドの主流ではなかったマイノリティの映画作家たちに、マーベルは次々と大作を任せて成功しています。最も個人的なものが、最もメジャーになっているわけです。下手をするとインディペンデントのアート映画よりもアヴァンギャルドな作品群が、ハリウッドで最も制作費の高い大作である……というこの現状は、たまらなく面白いですね。

『マイティ・ソー
バトルロイヤル』
（2017年）

Black Widow

任務よりも大事なこと

『ブラック・ウィドウ』

2021年
監督 ケイト・ショートランド
出演 スカーレット・ヨハンソン、フローレンス・ピュー、デヴィッド・ハーバー、O・T・ファグベンル、オルガ・キュリレンコ ほか

後妻業の女

ブラック・ウィドウとは「黒《くろ》後《ご》家《け》蜘蛛《ぐも》」と呼ばれるクモの一種で、交尾した後、メスがオス

を食い殺すという生態を持っています。転じて、金持ちの男と結婚した後、夫を殺して遺産を手に入れる女性を「ブラック・ウィドウ」と呼ぶようになりました。いわゆる「後妻業の女」ですね。

マーベル・ヒーローのブラック・ウィドウ（スカーレット・ヨハンソン）は元ロシアのスパイで、本名はナターシャ・ロマノフ。彼女は『アイアンマン2』（2010年）でMCUに初登場し、アベンジャーズの一員として活躍してきましたが、『アベンジャーズ／エンドゲーム』（2019年）で、ナターシャは世界を救うために自らの命を捧げました。

これまでのMCU作品では、ナターシャの過去は断片的にしか語られていませんでしたが、この『ブラック・ウィドウ』でついに彼女の生い立ちが明らかになります。ナターシャは、セックスを武器にした暗殺部隊の一員でした。家族向けのエンターテインメントを目指すMCUにはそぐわない設定です。

『ブラック・ウィドウ』はこの暗くおぞましい題材を、信じられないくらい明るく、楽しく、力強く描きました。この難しい仕事を可能にしたのは、製作・主演のスカーレット・ヨハンソン、監督のケイト・ショートランド、そしてナターシャの「妹」役を演じたフローレンス・ピューという女性たちの

『アイアンマン2』
（2010年）

力です。

任務よりも大事なこと

ブラック・ウィドウは、1964年に刊行されたマーベル・コミックス『テイルズ・オブ・サスペンス』にアイアンマンの敵役として登場しました。その時の彼女はソ連の秘密警察、KGB（国家保安委員会）のスパイで、その後、アメリカ側に亡命してヒーローになるんですが、その設定に準ずると彼女は1940年代生まれということになり、2020年代には80歳前後ということになります。

なので、MCU版では設定が変更されています。ブラック・ウィドウは、「レッドルーム」と呼ばれるロシア（ソ連）の秘密組織で養成された女性エージェントの総称になりました。つまり、MCUに登場したスカーレット・ヨハンソン扮するナターシャ・ロマノフは、沢山いるブラック・ウィドウズのうちの一人ということになります。

MCU版のナターシャは設定上、1984年生まれということになっています。彼女が7歳だった1991年にソ連が崩壊し、KGBも解体されるんですが、レッドルームは存続しました。現実の世界でも、元KGBのウラジーミル・プーチンが大統領になって、KGBも「FSB」と名前を変えただけで、相変わらず暗殺や謀略を続けていますからね。

レッドルームは『アベンジャーズ／エイジ・オブ・ウルトロン』（2015年）で、ナターシャのフラッシュバックとして描かれました。バレエを習っていた少女時代のナターシャは、政府によって「手術」を施され、殺人技術を教え込まれたんです。

その手術とは、子宮摘出のことです。敵に近づき、情報を盗み、殺すための武器としてセックスを使うために。ナターシャは、ブルース・バナー（ハルク）にこう言います。

「レッドルームには、不妊手術という卒業式がある。それで心配が一つ消える。任務よりも大事なことがなくなって、殺しも簡単になる。あなたは自分だけがモンスターだとでも思っているの？」

「任務よりも大事なこと」とは何か？

それがこの『ブラック・ウィドウ』のテーマなんです。

偽のアメリカン・ファミリー

『ブラック・ウィドウ』は、「1995年、オハイオ」という字幕で始まります。

オハイオ州はアメリカの真ん中、中西部にあり「ハートランド」とも呼ばれています。選挙でドナルド・トランプを大統領に選ぶような、保守的で、最も「アメリカらしい」州です。13歳のナターシャは、そんなオハイオで「家族」と共に暮らしていました。その家族の実態は、身分を偽り、アメリカに溶け込んで情報を盗むスパイ、いわゆる「スリーパーセル」です。

ナターシャの「家族」は一見すると、どこにでもいそうなアメリカン・ファミリーです。6歳の妹エレーナ（フローレンス・ピュー）が転んでひざを擦りむいて泣くと、ママのメリーナ（レイチェル・ワイズ）が優しくひざにキスしてくれます。エレーナの好物であるマカロニ・チーズは、アメリカの典型的な家庭料理です。

しかしそのすべては演技で、父と母は夫婦を演じているだけだし、ナターシャとエレーナも姉妹を演じているだけなんです。

この設定はアメリカで大ヒットしたテレビドラマ『ジ・アメリカンズ 極秘潜入スパイ』（2013〜2018年）に大きな影響を受けています。『ジ・アメリカンズ』ではケリー・ラッセルとマシュー・リースが演じるKGBのスパイが、1960年代のアメリカに偽装夫婦として潜入します。二人は80年代の米ソ対立の裏で、ソ連から指令を受けて任務を遂行していきます。

しかし偽装夫婦だった二人は実際に愛し合うようになり、やがて息子と娘が生まれて、その家族を守るため、祖国ソ連を裏切っていくことになります。つまり「任務よりも大事なもの」ができてしまったんです。

アメリカン・パイ

ナターシャたち「家族」は、ロシアのスパイだということがバレて、アメリカの国家組織S.H.I.E.L.D.に追われ、トラックで逃げ出します。その時、「父」アレクセイ（デヴィッド・ハーバー）は、カーステレオでエレーナが好きな歌、ドン・マクリーンの「American Pie」（１９７１年）をかけます。

この歌は、ロックンロールの創始者の一人バディ・ホリーが飛行機事故で亡くなったという１９５９年の出来事から始まり、世界のロック史を歌っていくという8分の大作です。「レーニンがマルクスの本を読んでいる間、4人のバンドは練習していた」という歌詞もありますが、「4人のバンド」とはビートルズのことです。つまり「ソ連で共産主義が続いている間、西側ではビートルズが登場して、革命が起こっていた」という意味です。

「American Pie」の「パイ」はアップルパイのことで、アップルパイはアメリカの象徴です。「as American as apple pie」（アップルパイのようにアメリカ的だ）というイディオムがあるほどです。ロシアのスパイであるエレーナは、その歌が大好きなんです。つまりこの曲によって、彼らがアメリカで暮らすうちにアメリカ自体を好きになったことが示唆されているんです。

スメルズ・ライク・ティーン・スピリット

『ブラック・ウィドウ』のオープニング・クレジットでは、1991年にリリースされたニルヴァーナのヒット曲「Smells Like Teen Spirit」が流れますが、超スローでヘヴィにアレンジされたカバーバージョンになっています。

ロシアに帰ったナターシャは、司令官ドレイコフ将軍に選ばれ、レッドルームで育てられます。ドレイコフは、両親がいなかったり、親から引き離されたりした少女たちを世界中から集めて、暗殺部隊「ウィドウズ」の一員に育てるんです。ウィドウズの任務は、世界各地に潜入し、セックスを餌にしてターゲットを誘惑し、情報を盗み、殺すこと。黒後家蜘蛛のように。「Smells Like Teen Spirit」の「私は馬鹿だ」「私は最悪なんだ」という自虐的な歌詞は、殺人マシンとして育てられたナターシャの心の叫びのように聞こえます。

監督のケイト・ショートランドは、オーストラリア出身の女性です。彼女の最初の短編映画『ストラップ・オン・オリンピア』（1995年）は行きずりの男と売春する少女を描き、初の長編映画『15歳のダイアリー』（2004年）も、男たちに身を任せることで生きている少女の物語でした。

『15歳のダイアリー』（2004年）

ショートランドがドイツで撮った『さよなら、アドルフ』

（2012年）は、第二次世界大戦末期、ナチス親衛隊の娘ローレが主人公です。ナチスが戦争に敗北し、両親は逮捕され、14歳のローレは妹と幼い弟たちを抱えて、敗戦で無法状態になったドイツで生き抜こうとします。

時に彼女は自分の肉体を餌にして、男をおびき寄せて……。

このようなフィルモグラフィから、ショートランドが『ブラック・ウィドウ』の監督に抜擢されたんです。

『さよなら、アドルフ』（2012年）

ムーンレイカー

『ブラック・ウィドウ』のメインストーリーの時代設定は、『シビル・ウォー／キャプテン・アメリカ』（2016年）でアベンジャーズが分裂していた頃です。ナターシャはS.H.I.E.L.D.に逆らったキャプテン・アメリカ側についたことで、お尋ね者になり、ノルウェーに身を隠しています。

隠れ家でナターシャが観ている映画は『007／ムーンレイカー』（1979年）。この映画を観ながら、彼女は『ムーンレイカー』のセリフを暗唱します。おそらく彼女は、レッ

『シビル・ウォー／キャプテン・アメリカ』（2016年）

ドルームで英会話の教材として『ムーンレイカー』を観ていたんでしょう。

このあたりは『ブラック・ウィドウ』のストーリーの骨組みを書いたジャック・シェイファーのタッチだと思います。彼女がクリエイトしたテレビシリーズ『ワンダヴィジョン』（2021年）は、東ヨーロッパにある架空の国ソコヴィアでアメリカのホームドラマを見て育ったスカーレット・ウィッチことワンダ・マキシモフ（エリザベス・オルセン）が、魔法でその世界を現実化する話でした。ジャック・シェイファーも、ケイト・ショートランドと同じくインディーズ映画出身で、デビュー作『TiMER』（2009年／日本未公開）は、「人間には運命の相手と出会うまでの秒読みが設定されたタイマーが装着されている」という設定の、ロマンチックなSFコメディでした。

『ムーンレイカー』は、諜報員ジェームズ・ボンドが宇宙で悪役と戦う能天気なスパイ映画です。実際にスパイとして血にまみれた汚れ仕事をしてきたナターシャからすると、こういうお気楽なスパイものは一種の救いになっているのかもしれません。

『007／ムーンレイカー』（1979年）

『007／ノー・タイム・トゥ・ダイ』（2021年）

そもそも『ブラック・ウィドウ』自体が００７シリーズのオマージュになっています。『００７』にはジェームズ・ボンドに秘密兵器を提供するＱというキャラクターがいますが、『ブラック・ウィドウ』でも、リック・メイソン（Ｏ・Ｔ・ファグベンル）という人物がナターシャに兵器やパスポートや免許証など必要なものを用意することで支援します。

二人の関係はどうやら「友達以上、恋人未満」で、これもボンドの上司「Ｍ」の秘書ミス・マネーペニーとボンドの関係性を思わせます。クライマックスで敵の巨大な秘密基地に潜入して、内部から破壊するのも００７シリーズのお約束ですね。

しかもナターシャの「母」を演じるレイチェル・ワイズは、実生活では『００７／ノー・タイム・トゥ・ダイ』（２０２１年）までジェームズ・ボンドを演じていたダニエル・クレイグの奥さん。

おまけに『００７／慰めの報酬』（２００８年）のボンドガールだったオルガ・キュリレンコも『ブラック・ウィドウ』に出ていますしね。

『007／慰めの報酬』（2008年）

ブダペスト

ノルウェーに潜伏していたナターシャは、タスクマスターというヴィランに襲撃され、殺されかけますがなんとか生還して、ブダペストに向かいます。このブダペストという土地は、MCUでは十年越しの謎でした。

『アベンジャーズ』（2012年）で描かれたニューヨークの市街戦で、ひどい有様のビルを見て、ナターシャは「ブダペストを思い出すわ」と言うんです。

すると、ホークアイ（ジェレミー・レナー）は、「君の覚えているブダペストと俺の覚えているブダペストはちょっと違う」と言います。このやりとりの意味は長い間、様々な憶測を呼んできましたが、今作でその謎がやっと解明されます。

レッドルームでの洗脳が解けたナターシャは、S.H.I.E.L.D.に入るためのテストとして、ブダペストでドレイコフを暗殺したんです。その現場に立ち会ったのがホークアイでした。その際にナターシャは「街全体を破壊するくらいだった」と言うほどの爆弾を使いました。しかしその際にドレイコフの幼い娘も巻き込んでしまったという後悔の念が、彼女の心に今も刺さっています。

『アベンジャーズ』（2012年）

生意気な妹

ブダペストを再訪したナターシャを待っていたのは、アメリカで彼女の「妹」だったエレーナ（フローレンス・ピュー）でした。彼女もトレーニングされたウィドウですが、既に洗脳は解けています。にもかかわらず、エレーナはナターシャに襲いかかってきました。ナイフまで使い、本気で殺そうとするくらいの勢いです。S.H.I.E.L.D.に入ったナターシャがヒーロー気取りで雑誌の表紙を飾ったりしている間、妹の自分はほったらかしにされ、人殺しをやらされていたことに怒っているからです。

生意気で皮肉屋のエレーナの役作りは、フローレンス・ピューが『ストーリー・オブ・マイライフ／わたしの若草物語』（2020年）で演じた四姉妹の末っ子エイミーとほとんど同じですね。『若草物語』でも、エイミーは姉のジョー（シアーシャ・ローナン）と本気の取っ組み合いのケンカをしていました。

エレーナは憎まれ口ばかり叩いているのが面白いんですが、特に面白かったのは「三点着地」いじりですね。「お姉ちゃん、アベンジャーズでこんな風に着地しているけど、あれってなんか意味あんの？　カッコつけてるだけでしょ？」

『ストーリー・オブ・マイライフ／わたしの若草物語』（2020年）

あれはフローレンス・ピューがアクションのリハーサルをしている時に三点着地の話になって「意味がないよ。ただのカッコつけでしょ」と実際に言った言葉が、そのままセリフとして採用されたそうです。

カッコいい死に方ができそう

壊滅したはずのレッドルームは存続しており、殺したはずのドレイコフも生きていると知ったナターシャは、エレーナと共にレッドルームを滅ぼすための戦いを始めます。手始めに、二人はシベリアの雪山にある刑務所を襲撃します。目的は、そこに収監されている「父」アレクセイを救出することです。

ヘリコプターで刑務所に接近すると、対空砲で迎撃されます。それを謎の武器で撃破したエレーナは、「ハッ！」と鼻で笑うんですよ。この女子プロレスラー感がカッコいい！　実際にフローレンス・ピューは、『ファイティング・ファミリー』（2019年）でペイジという実在のプロレスラーを演じていましたね。

ところがエレーナが対空砲を爆破した際の振動で、雪崩が起こってしまいます。この呼吸は完全にコメディですね。そ

『ファイティング・ファミリー』（2019年）

の雪崩を見たエレーナのセリフがまたいい。「なんかカッコいい死に方ができそう」

彼女は自分の命すら惜しいと思ってない。とことんシニカルで最高ですね。

ショートランド監督は、「セックスを武器にした暗殺部隊」というダークな題材である『ブラック・ウィドウ』を「決して暗い映画にしたくはなかった」と言っています。それを可能にしたのは、フローレンス・ピューのシニカルさと、デヴィッド・ハーバー扮する「父」アレクセイの能天気さですね。

才人ニコール・ホロフセナー

アレクセイは「レッド・ガーディアン」というソ連のスーパーヒーローだった過去があります。キャプテン・アメリカと同じく超人血清によって異常な強さを持つ彼は、刑務所内でも「俺はキャプテン・アメリカとライバルだった」と自慢して、「時代が違うだろ」と指摘されたりしています。

彼はナターシャたちに救出された後も、「お前ら、いっぱい人を殺したらしいな。それでこそ俺の娘だ」と言ってガハハハと笑います。セクハラおやじでもあって、娘たちに「お前ら機嫌が悪いな。生理か？」と言って、エレーナに

『サマー・ナイト』（1982年）

「私たちは子宮を取られているんだから、生理なんかこないよ！」と言い返されます。彼はセリフではとんでもないことを言っていますが、腹の底まで丸見えで、決して悪人じゃないことが誰にでもわかるように描かれています。

このへんのセリフを書いたのはニコール・ホロフセナーだそうです。

1960年生まれのニコール・ホロフセナーは、ウディ・アレンの『サマー・ナイト』（1982年）や『ハンナとその姉妹』（1986年）の現場でアシスタントの経験を経て、最近では『ある女流作家の罪と罰』（2018年）のシナリオを書いています。

『ある女流作家の罪と罰』は、リー・イスラエルという実在のノンフィクション作家が、有名人の手紙を捏造して売っていたという話の映画化です。主人公リーをメリッサ・マッカーシーが演じました。これが非常にいい映画で、夢が破れて都会のどん底で暮らしている女性と、その友人であるゲイの男性（リチャード・E・グラント）が、なんとか人生に輝きを見出そうとする、素晴らしい1本

『ハンナとその姉妹』（1986年）

『ある女流作家の罪と罰』（2018年）

なんです。

ニコール・ホロフセナーやケイト・ショートランドのような、インディペンデントの文芸映画やアート映画で活躍していた女性たちを集めて作ったのが『ブラック・ウィドウ』です。マーベル・スタジオは、製作費数千万円の低予算映画を作ってきた女性たちに、いきなり200億円を超える大予算を任せたんですよ。

『エターナルズ』
(2021年)

アメコミ超大作とインディー映画

『シャン・チー』の章でも触れたように、今のアメコミ映画はインディーズで低予算映画を作っていた人たちに大予算を任せることが増えています。『エターナルズ』(2021年)のクロエ・ジャオ監督もそうですね。

彼女が監督してアカデミー監督賞を受賞した『ノマドランド』(2021年)も、製作費は4億円ほどでした。それ以前は1億円以下で、スタッフは数人、プロの俳優は使わず、ロケ地で暮らす地元の人が出演し、照明さえ使わないミニマムな制作体制でした。

マーベル・スタジオはそんなジャオ監督に200億円以上の

『ノマドランド』
(2021年)

大予算を与えて『エターナルズ』を作らせたんです。

その流れを切り開いたのは『ワンダーウーマン』（2017年）のパティ・ジェンキンス監督です。

彼女は、元娼婦の連続殺人犯を描いた実録低予算映画『モンスター』（2003年）を撮って、主演のシャーリーズ・セロンにアカデミー主演女優賞をもたらしました。

しかしその後、ジェンキンスは十年以上、映画が作れませんでした。『ワンダーウーマン』を監督するために四苦八苦していたからです。ワーナーは、低予算でしか映画を作ったことのないジェンキンスにいきなり100億円の予算を任せることを躊躇していましたが、彼女の熱意に負けて、『ワンダーウーマン』を撮らせて、その結果映画は大ヒットしました。

そういったアート映画の監督たちは、派手なアクションシーンやVFXに慣れてはいませんが、「人間」を描くことに優れています。だから、彼らには物語の構築やキャラクター作り、役者の芝居の演出に専念させて、アクションやVFXは職人たちがガッチリ作り込む、という制作体制になっているんです。

『ワンダーウーマン』
（2017年）

『モンスター』
（2003年）

偽装家族の団欒

ナターシャとエレーナ、それにアレクセイは、「母」メリーナ（レイチェル・ワイズ）と合流し、約20年ぶりに家族団欒で食卓を囲みます。このへんは完全にホームコメディですね。メリーナが「ほら、猫背になってるわよ」と注意するとナターシャが「猫背じゃないよ」と言い返して、アレクセイが「こら、母さんに口答えするな」と叱ったり、普通の親子に戻っちゃったりしているのがおかしいですね。

同じような食卓シーンが、ショートランド監督の『さよなら、アドルフ』にもあるんですよ。ヒロインのローレは、敗戦直後の地獄のようなドイツを妹と弟たちを連れて旅して、ついにハンブルグに住む祖母のもとにたどり着きます。そしてやっと食卓を囲むと、幼い弟が粗相をして、祖母に行儀よくしろと叱られます。するとローレはわざと皿をひっくり返して、食卓をメチャクチャにします。

戦争に負けるまで、ローレはナチスが正しいと信じていました。両親や教師や大人たちにそう言われてきたからです。でも、実際に敗戦を体験し、また、ユダヤ系の青年に助けられたりもして、大人たちが言ってきたことが全部嘘だったことを知ります。だから彼女は、祖母の偉そうな説教に反抗したんです。ナターシャやエレーナと同じく、彼女も洗脳が解けたんです。

エレーナは、自分の洗脳にメリーナも関与していたことがわかって、激怒して別の部屋に引っ込んでしまいます。そこにアレクセイがおそるおそる慰めに行くところなんかは、本当に普通の家族ドラマですね。

「父」と「娘」は、「American Pie」を歌って打ち解けます。歌詞のとおりに。

「神様を信じない君も、ロックンロールは信じている／音楽は君の魂を救ってくれるかな」

ドレイコフとワインスタイン

ナターシャ一家は、空中に浮かぶレッドルームの秘密基地に乗り込みます。このクライマックスは、『007』シリーズそのままですね。ドレイコフは『007』の敵役のように、ウィドウズを使った世界征服の野望を語ります。

ナターシャはドレイコフを倒そうとしますが、近くに寄ると彼を攻撃できません。これは「フェロモン・ロック」といって、ウィドウズは「ドレイコフのフェロモンを嗅ぐと、攻撃できなくなる」ようプログラムされているからです。

「フェロモン・ロック」は原作のコミックにも登場しますが、これはドレイコフがウィドウズを性的に奴隷化していることを示唆しています。

『ブラック・ウィドウ』の製作が本格的に始まったのは2017年で、映画会社ミラマックスのCEOだったハーヴェイ・ワインスタインが女優や女性スタッフに片っ端から性的行為を強要していた事実が明らかになったのと同じ頃です。つまりドレイコフは明らかに、ワインスタインのような「権力を持った性犯罪者の男性」がモデルになっているんです。
ドレイコフの性的な呪縛から解き放たれるため、ナターシャは自らの顔面を机に打ち付けて、フェロモンを感じる嗅覚神経を破壊します。

ベルリン・シンドローム

ケイト・ショートランドは、女性が政治的、性的な支配から解放されて成長する物語を描き続けています。特に前作『ベルリン・シンドローム』（2017年）は、政治的支配と性的支配が重なり合う物語でした。

ヒロインはオーストラリア人の若い女性で、自分が生まれる前に消滅した社会主義国である東ドイツに興味を持って、ベルリンを旅します。そこで、彼女はドイツ人の英語教師と一夜を共にするんですが、朝、目覚めると、部屋の外から鍵がかけられていて、ドアが開けられないんです。その日から監禁生活が始まります。

何度脱出しようとしても逃げられないので、彼女は加害者である彼に精神的に支配され、依存するようになります。食事を

『ベルリン・シンドローム』（2017年）

与えてくれるのは彼だけだからです。父親が亡くなったので彼が部屋に来なくなった時、彼女は餓死しそうになります。そしてやっと帰ってきた加害者の男に、恋人のようにしがみつきます。

『ベルリン・シンドローム』という題名は「ストックホルム・シンドローム」という言葉からきています。これは1973年、スウェーデンのストックホルムで銀行強盗が人質を取って立て籠もった時、被害者であるはずの人質が強盗に味方するような行動をとった……という実際の事件から名付けられた心理状態のことです。精神的に追い詰められ、逃げられない状況に置かれた人は、自分を支配する者を「自分の保護者」だと考えるようになります。自分を虐待する配偶者から逃げられない人などが陥りがちな心理状態です。

『ベルリン・シンドローム』は、それをベルリンの壁崩壊（1989年）以前、壁の中に閉じ込められていた東ドイツ市民の心理に重ねています。暖房を切られ、食料の尽きた部屋でヒロインは、窓から新年を祝う花火を見上げます。壁の外側には暖かい部屋と食べ物があるだろうと思いながら。東ドイツの市民も、飢えと寒さに苦しみながら、壁の向こうの西側で打ち上げられる花火を見上げたことでしょう。

つまり、ショートランドは、『ベルリン・シンドローム』でも『ブラック・ウィドウ』でも、共産圏や独裁国家における権力者を「女性を性と暴力で支配しようとする男」と重ねて描いているんです。

エレーナの黄色いジャケット

ナターシャ「一家」のチームワークで、ついにドレイコフは倒され、レッドルームは滅びます。この戦いを通してナターシャたちは本当の家族以上に固い絆で結ばれました。ナターシャ一家らは血がつながっていないけれど、そんなことは問題ではありません。血を分けた実の娘を、タスクマスターという殺人マシンとして利用していたドレイコフが、ナターシャ一家と対照をなしています。

「私には家族なんてないと思っていたけど、二つもあった」

ナターシャはそう言います。二つの家族とは、エレーナたちとアベンジャーズのことです。この時のアベンジャーズは分裂しているので、ナターシャはアベンジャーズを再結成させるべく飛行機で飛び立っていくんですが、観客はその後、『アベンジャーズ/エンドゲーム』でナターシャが死ぬことを知っています。彼女の後ろ姿は、スカーレット・ヨハンソンが演じる最後のブラック・ウィドウなんです。

いや、でも、ブラック・ウィドウは彼女だけの名前ではありません。

エンド・クレジットの後、ナターシャのお墓をエレーナが訪れます。その時のファッションに注目してください。

　エレーナはレッドルームで洗脳されて以来、ずっと自分を支配する男たちに押しつけられた服を着て、押しつけられた仕事をしてきました。いわば「殺しのＡＫＢ」だったんです。やっと洗脳が解けた彼女が自分の意思で最初に買った服は、タクティカルベストでした。

　エレーナは「この服、ポケットがいっぱいついてるから便利よ」と言うんですが、見た目にはお構いなしで、服の機能のことしか考えていないんです。ナターシャは呆れて、それをバカにしかけるんだけど、「この娘はオシャレというものが何なのか知らないんだ」と気がついて、妹を傷つけないように「いいベストね」と褒めました。

　それから数年が経ち、黄色いチェックのジャケットを着こなしておへそを出したパンツルックをしたエレーナは、自分なりのファッションセンスをつかんだようです。あの黄色いジャケットは、１９９５年の青春コメディ映画『クルーレス』で、主人公のシェール（アリシア・シルヴァーストーン）が着ていたものにそっくりですね。

　『クルーレス』が公開された１９９５年は、エレーナたちがアメリカを脱出した年です。当時6歳だったエレーナは、きっとアメリカで『クルーレス』を観ていて、彼女にとってはそれ

『クルーレス』
（1995年）

が楽しい思い出だったんでしょう。

エレーナは、次世代のアベンジャーズに加入するともいわれています。フローレンス・ピューが演じるBADASSなブラック・ウィドウを見るのが楽しみですね。

誰が監視者を監視するのか？

『ウォッチメン』（ドラマ版）

2019年
原作 アラン・ムーア
出演 レジーナ・キング、ドン・ジョンソン、ティム・ブレイク・ネルソン、ヤーヤ・アブドゥル＝マティーン2世 ほか

アメリカ史の批評

2019年に有料ケーブル・チャンネルHBOで放送された『ウォッチメン』は、スー

パーヒーロー・コミックに基づいたドラマですが、その枠を超えて高く評価され、アメリカのテレビ業界において最高の栄誉であるエミー賞も受賞しました。というのも、これは「スーパーヒーローが実在するアメリカの歴史」を描くことで、現実のアメリカの歴史を批評するという、高度なコンテクストの作品だったからです。

ドラマ『ウォッチメン』を深く楽しむため、ここでは史実との違いを比較していきます。

スーパーヒーローの脱構築

このドラマは、１９８６年～８７年にかけて出版されたアラン・ムーア原作の同名コミック『ウォッチメン』（ＤＣコミックス。日本語版は小学館集英社プロダクション刊）の続編にあたります。なお、本作は映画版『ウォッチメン』（２００９年）とは直接繋がっていません。

原作コミック『ウォッチメン』は、同時期にＤＣコミックスから出版されたフランク・ミラーの『バットマン：ダークナイト・リターンズ』と並んで、アメリカのスーパーヒーロー・コミックの歴史を変えたと言われている重要な作品です。

50年代のコミック規制からずっと描写を抑制され続けてきた暴力と政治とセックスを『ウォッチメン』は徹底的に描い

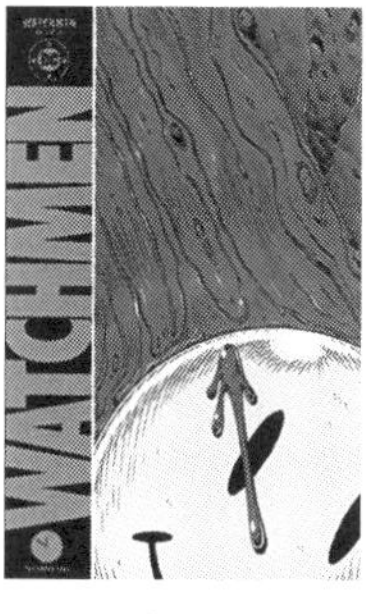

『ウォッチメン』
（1986年）

ただけでなく、コミックで描かれてきた「スーパーヒーロー」とはいったい何なのかを現実的な視点から解体していく、脱構築的な作品でした。

監視者たち

ウォッチメンとは「監視者たち」という意味です。ここで描かれている世界は、アメリカがベトナム戦争（1955～75年）に勝利した、別の時間軸の上にあります。しかし、80年代には現実と同じくアメリカとソ連が対立し、核戦争による世界滅亡の危機が迫っています。そこで、超人的な知能を持つ大富豪オジマンディアスは、地球外からの侵略者をでっちあげて、米ソが対立をやめて侵略に備えて協力するようにさせます。

これは作者のアラン・ムーアが抱いた疑問から生まれた物語です。つまり、コミックに出てくるスーパーヒーローたちは、ジョーカーとかレックス・ルーサーといった悪党を追いかけているだけで、なぜ、その力を本当の世界平和のために使わないのか、戦争や貧困や差別の根本的な原因と向き合わないのか、という疑問です。『ウォッチメン』のオジマンディアスはそれを実行するんですが、彼が作り上げたものは、偽りの平和でした。オジマンディアスは人類のウォッチマン（監視者）なわけですが、彼は誰にも監視されない、世界の支配者になるわけです。

アダプテーション

ドラマ版『ウォッチメン』の脚本を書いたデイモン・リンデロフは、リドリー・スコット監督の『プロメテウス』（2012年）の脚本も担当した人です。

特に、J・J・エイブラムスが発端部だけ考えたテレビシリーズ『LOST』にうまく結末をつけてまとめたことで評価されました。彼は他の人が考えたアイデアにストーリーを後付けする仕事が得意なんですね。

リンデロフはもともと原作『ウォッチメン』のファンで、HBOに続編を書いてほしいと依頼された時は「恐れ多い」とおじけづいたそうですが、結果、『ウォッチメン』は原作からどんどん離れていく展開になりました。リンデロフは「『アダプテーション』の気持ちで作った」と語っています。

『アダプテーション』（2002年）は、脚本家のチャーリー・カウフマンが、『蘭泥棒』という希少種の蘭を盗む人についてのノンフィクションのアダプテーション（脚色）を依頼されて困った体験をそのままシナリオにした映画です。

ニコラス・ケイジが演じるカウフマンは、原作では派手な

『プロメテウス』（2012年）

『アダプテーション』（2002年）

事件が何も起こらないので、勝手にアクション映画のような話に脚色してしまいます。リンデロフもそのくらいの大胆な気持ちでドラマ『ウォッチメン』のストーリーを書いたんですね。

相当苦労したんでしょう。いくつか未回収の伏線が残っている部分もあって、例えば、銀色の全身タイツのようなコスチュームを着たループマンという怪人が、主人公のアンジェラ（レジーナ・キング）に追われて、自分の体に食用油をかけながら走って、ストームドレイン（排水溝）にニュルニュルと滑り込むシーン。これには爆笑しました。このシーンが何だったのか、作中では全く説明されないんですね。調べると、ループマンは、ローリー・ブレイク（ジーン・スマート）の仲間のエージェントだった……という設定がわかるんですが、作品内では正体不明のままでした（笑）

とはいえ、リンデロフは1980年代にアラン・ムーアが書いた『ウォッチメン』のその後とその前を想像し、2020年のアメリカの現実、それにアメリカの歴史上の汚点を盛り込み、奇々怪々で複雑な独自の世界史を作り上げました。

タルサ人種虐殺

リンデロフがドラマ『ウォッチメン』のテーマにしたのは、「人種」です。まず彼は、このドラマの舞台をオクラホマ州タルサ市にしました。それは1921年に実際に起こった「タルサ人種虐殺」をテーマにしたからです。

オクラホマのタルサは、かつて黒人たちのビジネスの中心地でしたが、1921年に白人たちによって滅ぼされてしまったんです。

もともとオクラホマは西部開拓地の西の果ての荒野です。19世紀までそこはずっと「州」ではなく、インディアン（先住民）居留地でした。白人たちは南部に住んでいたチェロキー族やクリーク族の人々の土地を奪って、そこに先住民を強制移住させていたんです。

コーエン兄弟の西部劇映画『トゥルー・グリット』（2010年）でも描かれていましたが、インディアン居留地は政府の手が及ばなかったので、指名手配された悪人が逃げ込むような無法地帯でした。

しかし、1865年に南北戦争が終結すると、アメリカでは経済が急激に発展し、人口も移民も増え、住む土地が必要となったので、インディアン居留地だったオクラホマにも開拓民が入植していきました。

そして、南部の奴隷農場から解放された黒人たちも、厳しい差別が残る南部から脱出し、自分たちの土地を求めてオクラホマに移り住みました。

オクラホマでは石油が出ていたこともあって、ビジネスで

『トゥルー・グリット』（2010年）

成功して裕福になった黒人も多く、彼らはタルサ市のグリーンウッド地区に集まって暮らし、そこは黒人相手の銀行やオフィス、映画館などが立ち並び、「ブラック・ウォール・ストリート」と呼ばれるほど繁栄しました。

そんな黒人たちに対して、白人たちの嫉妬は募り、ついに1921年5月31日に爆発します。暴徒と化した白人たちは機関銃どころか、飛行機で上空から爆弾を落として、グリーンウッドすべてを完全に焼き払いました。死者数ははっきりしません。白人たちが死体を焼いたり、勝手に埋めたりして、証拠を隠滅してしまったからです。さらに誰もこの事件を語らなくなり、90年代に正式な検証と発掘が始まるまで、歴史から抹殺されていました。

國民の創生

ドラマ『ウォッチメン』は、1921年5月31日のタルサで、黒人少年ウィルが黒人専用の映画館でサイレント映画を観ている場面から始まります。

ウィルが観ているのは、覆面をかぶった黒人の保安官が人種差別と闘う西部劇です。彼がマスクをしているのは、『ローン・レンジャー』という西部の覆面ヒーローの黒人版だからです。

この映画はD・W・グリフィス監督『國民の創生』（1915年）の裏返しでもあります。『國民の創生』は、KKK（クー・クラックス・クラン）の始まりを描いています。KKKは南北戦争の終結後、黒人が選挙で投票するのを妨害するために結成された組織です。

というのも、南北戦争後の南部は北軍の監視下に置かれ、黒人に対する投票妨害は取り締まられていました。だから、白人たちが素性がわからないようにマスクをして、投票した黒人を夜中に拉致して縛り首にして木からぶら下げたのがＫＫＫの始まりなんです。

『國民の創生』
（1915年）

『國民の創生』は、そんなＫＫＫを「白人を救いに来た正義の覆面ヒーロー」として描いたので、現在は激しく批判されています。

そして、タルサ人種虐殺が始まり、黒人街は焼き尽くされますが、ウィル少年は辛くも生き残ります。そのウィルの孫であるアンジェラ・エイバー（レジーナ・キング）が、ドラマ『ウォッチメン』の主人公です。

ブラック・ライブズ・マターの裏返し

２０１９年、つまり現代のタルサ、夜の道路で、肉体労働者らしい白人が運転する車がパトカーに止められます。パトカーの警官は黒人で、マスクで顔を隠してから職務質問しようとします。すると運転手によって、いきなり銃で撃たれて殺されてしまいます。

これは本作の放送当時、全米各地で多発していた事件を裏返しにしたシーンです。アメリカでは黒人たちが自動車を運転中、警察官に止められ、武器を持っていないにもかかわらずいきなり警察官に射殺されるという事件が連続しました。しかも警官たちはみんな白人で、起訴されませんでした。そのため、全米に抗議運動が広がりました。それがブラック・ライブス・マター（黒人の命も大切だ）運動です。

それを裏返したのが、ドラマ『ウォッチメン』のとんでもないところです。ここでは、警官が黒人で、白人の運転手に射殺されるわけです。この世界の現在のタルサでは、白人による黒人へのテロが再発しており、対策として警察官は覆面をしているんです。

覆面ヒーローと覆面テロリスト

原作『ウォッチメン』で描かれる架空のアメリカでは、1977年の「キーン法」で、マスクをしたヒーローの活動が違法となっています。でもタルサでは、警察官は全員マスクをして勤務し、顔だけでなく本名や住所も秘密で、警察官同士もお互いの素性を知りません。それは「ホワイトナイト」という警官に対するテロがあったからです。

ドラマ『ウォッチメン』では、2016年のクリスマスイヴ、タルサの警察官の自宅が一斉に襲われ、警官だけでなくその配偶者や子どもまで殺されました。犯人は白人至上主義グループだったので、このテロ事件は「ホワイトナイト」と呼ばれました。動機は、黒人たちが奴隷制や虐殺など過去の被害について損害賠償を受けたことに白人至上主義者たちが不満を高めていたからですが、この賠償については後述します。

　ホワイトナイトの後、タルサ警察は自宅への襲撃を防ぐため、警官の素性をすべて秘密にし、勤務中は覆面をし、それぞれエイリアス（別名）を名乗るようになりました。ホワイトナイトで襲撃されながらも生還したヒロインの警察官アンジェラ・エイバー（レジーナ・キング）は、表向きは警官を引退したことにして、現在は覆面をかぶって「シスター・ナイト」と名乗り、白人至上主義者たちを捜査しています。

　他の警察官たちもみんな覆面をかぶり、ルッキンググラス、レッドスケアなどのエイリアスを名乗っています。これは、冒頭でウィル少年が観ていた映画の、覆面をかぶった保安官が現代に蘇ったことであり、コミックの覆面ヒーローたちが警察官として現実化したということでもあります。

　ただ、警察に立ち向かう白人至上主義グループも覆面をしています。マスクをした善と悪の激突、そんなコミック的な戦いに、ドラマ『ウォッチメン』はリアルな理由付けをしているというわけです。

フーデッド・ジャスティス

ドラマ『ウォッチメン』は、アンジェラの物語と、彼女の祖父ウィルの過去が並行して描かれます。タルサ人種虐殺を体験したウィルは成長し、1938年、ニューヨークで警察官になります。ところが同僚の警察官にサイクロップスという白人至上主義グループのメンバーが混じっていました。サイクロップス（一つ目巨人）はドラマ『ウォッチメン』のために作られた架空の団体ですが、その名前は実際のKKKの役職名です。サイクロップスのメンバーたちは、かつてKKKが南部の黒人にやったように、ウィルの顔に麻袋をかぶせ、首にロープをかけて縛り首にしようとします。

しかし、ウィルは、麻袋とロープを付けられた格好のままサイクロップスに逆襲して倒します。「フーデッド・ジャスティス（覆面をかぶった正義）」の誕生です。

フーデッド・ジャスティスは、アラン・ムーアが1986年に発表した原作にも、覆面ヒーローの元祖として描かれています。ただ、「覆面の中身はリンチされそうになった黒人である」という設定を考えたのはデイモン・リンデロフです。

フーデッド・ジャスティスは次々と悪を倒して活躍し、彼にあこがれた人々が覆面をかぶって正義の味方になろうとし、「ミニットメン」というヒーロー・チームが生まれます。

ミニットメンとは、「1分（ワン・ミニット）で集まる」という意味です。独立戦争の時、イギリスの植民地だったアメリカの人々がイギリス軍に対して反乱を起こし、民兵団を結成して「召集を受けたら1分で駆けつける」という意味でミニットマンと名付けました。現在もミニットメンを自称する人たちはいますが、その実態はメキシコから国境を越えてアリゾナ州などに入ってくる不法移民を狩るための国境自警団で、非常に右翼的な人々です。

『ウォッチメン』の歴史のなかでは、ミニットメンの活動は1940年代で、その後「クライム・バスターズ」という後継ヒーロー・チームが結成されます。原作の『ウォッチメン』はそのクライム・バスターズの物語になっています。

Dr.マンハッタン

そして1960年、ここから原作『ウォッチメン』で描かれた歴史になります。ジョナサン・オスターマンという原子物理学者が実験の事故で、どんな物質もエネルギーも時間も空間も自由自在に操れる、まさに神のような能力を手に入れてしまいます。それがドクター・マンハッタンというスーパーヒーローです。その名前は、第二次大戦中にアメリカが原爆を開発した「マンハッタン計画」から取られています。オスターマンというのはユダヤ系の名前ですが、これもマンハッタン計画で原爆開発に関わったロバート・オッペンハイマーという理論物理学者がユダヤ人だったことに由来します。オッペンハイマーは、ナチスを倒すために発明した核兵器が実際には広島と長崎で使用されて、何十万人もの民間人を殺したことを後悔しています。ドクター・マンハッタンは時間や空間といったものを超越した存在で、過去と現在と未来を同時に認知できるだけでなく、そこに存在もしています。

カート・ヴォネガットの小説『スローターハウス5』（ハヤカワ文庫SF刊）で、第二次世界大戦のトラウマを持つ主人公が、トラルファマドール星人という宇宙人から過去・現在・未来を同時に認知する能力を与えられます。それは、作者ヴォネガット自身が従軍した時の記憶がフラッシュバックした経験を基に書かれています。

それにヒントを得た小説『あなたの人生の物語』（ハヤカワ文庫SF刊）を映画化した『メッセージ』（2016年）という作品では、過去・現在・未来という概念がない異星人が地球にやって来ます。そして、エイミー・アダムス演じる言語学者が異星人の言語を解読して習得するうちに、過去・現在・未来という概念を超越した認知が可能になります。

『ウォッチメン』でもまたドクター・マンハッタンのなかには時空を超越した未来の自分と、コンプレックスを抱えた男だった過去の自分が同時に存在しています。そのため、彼は神のような能力を持ちながら、男性としての欲望も捨てきれていません。

『メッセージ』
（2016年）

核戦争の恐怖と世界の終わり

1971年、原作『ウォッチメン』の世界では、歩く核兵器であるドクター・マンハッタンがベトナム戦争に介入して、史実と逆にアメリカが勝利し、ベトナムはアメリカの51番目の州になっています。

当時の大統領だったリチャード・ニクソンは、1972年の選挙でも圧勝します。史実では、ニクソンはウォーターゲート事件（民主党の選挙事務所を盗聴した事実）が発覚して辞任していますが、『ウォッチメン』では、ウォーターゲート事件を暴いたワシントン・ポスト紙の記者ボブ・ウッドワードとカール・バーンスタインが、ニクソンに雇われた刺客、ザ・コメディアンによって暗殺され、事件は闇に葬られます。

ニクソンは、1976年に憲法で定められた4年ずつ2回の任期を満了しますが、憲法を改定して任期の制限を撤廃し、1992年に亡くなるまで20年間も大統領として君臨します。

しかし、ベトナムがアメリカの一部になったことで、米ソの対立は激化し、核戦争の危機感が高まります。

この不安は僕自身も80年代に体験しました。1979年にソ連がアフガニスタンに侵攻して、当時の合衆国大統領だったレーガンがソ連に対して強硬な政策を打ち出し、ついにはソ連を「悪の帝国」と呼び、「核攻撃をする」とジョークを言うほど敵対的になったんです。そして、アメリカの田舎町がソ連の核攻撃を受けるテレビ映画『ザ・デイ・アフター』（1983年）などが作られました。

地球の滅亡の日に向けて時を刻む「ドゥームズデイ・クロック」（世界終末時計）という時計がありますが、『ウォッチメン』には「時計男」という意味もあります。オスターマンの父親が時計職人だったという設定もそれとつながっています。

オジマンディアスの世界統一

その核戦争による滅亡から人類を救おうとするのが、本名エイドリアン・アレクサンダー・ヴェイトという天才の大富豪です。ドラマ版ではジェレミー・アイアンズが演じています。彼はバットマンやアイアンマンと同じ天才かつ大富豪であり、「オジマンディアス」と名乗ってヒーロー活動をしています。ただ他のヒーローたちと違って、その能力を犯罪者退治ではなく、世界を核戦争から救うために使うんです。

「本物のスーパーヒーローだったら、その力を使って世の中を良くすべきじゃないか」というテーマを、原作者のアラン・ムーアは『ウォッチメン』の前、1982年に『ミラクルマン』というコミックで既に書いています。しかし『ミラクルマン』において、それは無理やりに作られた平和でしかなく、結局はファシズムになってしまうんです。

原作『ウォッチメン』では、1985年に、オジマンディアスが世界の平和を脅かす地球外からの侵略者（イカのような怪物）をでっち上げ、ニューヨーク市民を虐殺します。人類共通の敵の出現です。それに対抗するため米ソは和平条約を結び、冷戦は終結。人類は核戦争の危機から救われます。

正しい戦争か、不正な平和か？

ドラマ『ウォッチメン』では、その先が描かれます。1992年、ニクソンが死んで大統領選挙が行われ、俳優のロバート・レッドフォードが当選します。ご存じのようにロバート・レッドフォードは実在の俳優で、リベラルな政治発言でも知られています。

レッドフォードは、『キャプテン・アメリカ／ウィンター・ソルジャー』（2014年）にも出演していました。

『ウィンター・ソルジャー』の彼は政府の役人として登場し、テロリストを監視するシステムをアメリカに導入しようとします。まさにウォッチメン（監視者）ですね。そのシステムに対して、キャプテン・アメリカは「全体主義の監視社会になってしまう」と考えて、政府と対立する。それが『キャプ

『キャプテン・アメリカ／ウィンター・ソルジャー』（2014年）

テン・アメリカ／ウィンター・ソルジャー』でした。

『ウォッチメン』のニクソン大統領は20年間に渡って保守的な政策を続けましたが、逆にレッドフォード大統領は徹底的にリベラルな政策を20年以上続けています。特にマイノリティを救済する政策、差別を厳しく取り締まる政策を推し進めたため、貧しい白人たちは不満を募らせ、保守的だったニクソン政権時代を懐かしみます。白人貧困層のトレーラーハウスが集まった「村」がニクソンヴィル（ニクソン村）と呼ばれているのはそのためです。

実は、レッドフォードの背後にはオジマンディアスがいます。彼こそが人類のウォッチマン（監視者）ですね。原作の『ウォッチメン』で引用される「誰が監視者を監視するのか？」（Who watches the watchmen?）という言葉は、古代ローマの頃からあることわざで、「政治家や権力者を見張る者が必要だ」という意味です。

人類の監視者となったオジマンディアスは非常に傲慢なエリート主義者で、自分以外の人類を見下しています。彼の作り上げた平和は、マルクス・トゥッリウス・キケロという古代ローマの政治家の「勇敢で正しい戦争よりも、私は不正な平和を望む」という言葉を思い出させます。

ロールシャッハ

原作『ウォッチメン』でオジマンディアスに立ち向かうのがロールシャッハという覆面男です。ロールシャッハは、日本からはあまり見えないアメリカの暗黒面を象徴するキャラクターで、彼のことを理解しないとドラマ『ウォッチメン』も理解できません。

ロールシャッハは、いわゆる「ヒルビリー」とか「レッドネック」と呼ばれている白人の貧困層出身で、政府や権力者を一切信用していません。そんな彼が象徴しているのは、「リバタリアン」（自由至上主義者）という人々です。

リバタリアンは「軍隊と警察以外の政府機能は基本的に必要ない」と考えているため、課税や福祉に反対します。銃を持つ権利、武装する権利を主張します。さらにポルノや売春や麻薬も政府は規制すべきでないと考えます。

つまり、リバタリアンは一種のアナキスト（無政府主義者）なんですが、彼ら自身は自分たちをペイトリオット（パトリオット／愛国者）だと信じています。ここが日本人には理解しにくい点なんですが、アメリカにおける「愛国」は、アメリカ政府を支持することではなく、アメリカの国是であるフリーダムやリバティ（自由）を守ることなんです。アメリカで「右翼」と呼ばれる人たちは反政府的で、銃を持つ権利を守るためにＦＢＩと銃撃戦をしたりすることも。これは、そもそもアメリカの独立戦争がイギリス政府から銃を取り上げられそうになったことに対する反乱から始まったことと関係します。

原作『ウォッチメン』では、1977年にキーン法という法律が成立し、マスクをかぶったヒーロー行為が禁じられますが、これは明らかにアメリカにおける銃規制のメタファーです。そしてロールシャッハはキーン法に激しく反発します。

アメリカの右翼はアナーキーなんです。逆に言えば、アメリカの右翼は政府による規制や統制、福祉による社会的平等や、差別対策を、社会主義的、左翼的と考えます。だから、ロールシャッハは、オジマンディアスの定義する「平和」を受け入れません。

リバタリアンとリベラル

リバタリアンと似た言葉に「リベラル」があります。リベラルはリベラリズム（自由主義）の形容詞なので、リバティを語源とするリバタリアンと似たようなもののはずですが、リバタリアンは「リベラル」という言葉を「左翼／左翼的」という意味で使います。オジマンディアス（典型的なインテリ富裕層、エリート主義リベラル）の「陰謀」をロールシャッハ（典型的な白人の貧困層）は憎みます。

また、ロールシャッハの本名はコヴァックスといって、東欧系です。ポーランド、ハンガリー、チェコ、ロシアなど東欧系の移民には五大湖地方の炭鉱や鉄鋼所で働く労働者が多かったんですが、そういった重工業は60年代に衰退し、五大湖地方はラストベルト（錆ついた工業地帯）と呼ばれました。そのラストベルトに暮らす白人労働者が持つ、リベラルに対する反発が、２０１６年の大統領選でドナルド・トランプを勝たせたといわれています。トランプ主義者は「ユダヤ系大資本が世界の政府を操っている」という、オジマンディアス的な陰謀を信じています。

また、ロールシャッハは白人至上主義者ではありませんが狂信的なキリスト教徒で、自分の戦いに宗教的な信念を持っています。

以上のようにロールシャッハは、アメリカの「地の塩」、つまり底辺を支える庶民でありながら、右翼テロリストでもあり、見方によっては正義、見方によっては悪でしょう。まさに彼のマスクに描かれたロールシャッハ・テストの模様のように、見る人の立場によって印象が全く変わるんです。

原作『ウォッチメン』でロールシャッハは信念を貫いて死にますが、ドラマ『ウォッチメン』には、ロールシャッハと同じマスクをかぶった「第七騎兵隊」という白人至上主義グループが登場します。

ロールシャッハ・テストの模様

奴隷制のリペレイション

第七騎兵隊はサイクロップスの後継団体で、ロバート・レッドフォード大統領が実施したリペレイション（賠償）への反発で生まれました。リペレイションとは、奴隷制をはじめ黒人に対する過去の人権侵害で与えた損害を賠償することです。

南北戦争で黒人奴隷を解放しようとした北軍のシャーマン将軍は、黒人を200年間奴隷として搾取し続けたことへの賠償として、黒人たちが代々耕してきた土地40エーカー（約4万9千坪）を分け与え、さらにラバ一頭をつけることを約束しました。しかし、その約束は果たされず、奴隷から解放された黒人たちは無一文でした。それが現在まで続く黒人の貧困の根本的原因になっています。この貧富の差がなければ、犯罪の多発も防げたはずです。

だから、アフリカ系アメリカ人の人々は奴隷解放から150年間、ずっとリペレイションを求め続けています。スパイク・リー監督が自分のプロダクション名を「40 Acres and a Mule Film works」（40エーカーとラバ）にしているのも「奴隷制の賠償をしろ」というメッセージを伝えるためです。

ただ、タルサ人種虐殺の被害者に対する賠償法案は、2001年にオクラホマ州議会を通過しています。ドラマ『ウォッチメン』で、主人公のアンジェラが、祖父ウィルが虐殺の被害者なのでリペレイションを受けたという描写がありますが、あれは事実に基づいています。

第七騎兵隊

『ウォッチメン』でリペレイションに激しく反発した白人至上主義者は、前述した「第七騎兵隊」（7th Kavalry）という秘密結社を結成します。「第七騎兵隊」とは、西部開拓時代にカスター将軍が率いた陸軍の部隊で、先住民を殲滅しようとして逆に全滅しました。縁起の悪い名前ですね。

2016年、第七騎兵隊はタルサで「ホワイトナイト」事件を起こします。2016年とは、史実ではドナルド・トランプが大統領選挙に勝利した年です。トランプ当選で活気づいた白人至上主義者たちは、翌2017年8月、ヴァージニア州シャーロッツヴィル市で、「ユナイト・ザ・ライト・ラリー」（右翼団結）という集会を行い、それに反対する住民を自動車でひき殺しました。

驚くべきことに、『ウォッチメン』の世界で起こったホワイトナイトでタルサの警察官を殺した第七騎兵隊のリーダーは、警察署長ジャド（ドン・ジョンソン）でした。これも実はアメリカの現実を反映しています。沈静化していたKKKは、1910年代から復活しますが、そのメンバーの多くが現職の警察官でした。1960年代、人種の平等を求める公民権運動が起こった時、運動家たちがKKKに殺害されましたが、その犯人にも警察官や保安官が混じっていました。そして、2020年のブラック・ライブス・マター運動の最中、元FBI

捜査官のマイケル・ジャーマンは、アメリカの警察官のなかに密かに白人至上主義グループが「浸透」している実態を指摘しています。

ウォッチメン（監視者たち）とは、警察官のことも意味しています。警察がテロリストだったら、誰が警察を見張るんでしょうか？

ルッキンググラスとシルク・スペクター2世

このねじくれたドラマ『ウォッチメン』に、さらにねじれを加えるのが、ルッキンググラス（ティム・ブレイク・ネルソン）です。彼はタルサ警察の警官で、鏡のように光を反射する覆面をしています。彼は白人貧困層の出身で、キリスト教福音派で、性的に保守的で、権力に対する反感を持ち、オジマンディアスの陰謀を暴こうとしているという、ほとんどロールシャッハのような人物なんですが、白人至上主義者ではなく、アンジェラの同僚として働いています。

もう一つのねじれは、ジーン・スマートが演じるFBI捜査官ローリー・ブレイクです。彼女は原作『ウォッチメン』の女性ヒーロー、シルク・スペクターが右翼の暗殺者ザ・コメディアンにレイプされて生まれた娘です。ローリーは、「キーン法」に反する覆面ヒーローを狩るのが仕事です。つまり、父親であるザ・コメディアンと同じことをしています。しかし、ローリーは最終的に、オジマンディアスと戦うことになります。

こういうねじれがいくつもあるので、ドラマ『ウォッチメン』は原作以上に「誰が善で誰が悪」という白黒のつけられない物語になっています。

エレファンツ・メモリー

ドラマ『ウォッチメン』で最も複雑なキャラクターは、オジマンディアスの娘レディ・トリュー（ホン・チャウ）です。彼女は母親がベトナム系で、父オジマンディアスから天才的頭脳を受け継ぎ、「トリュー・インダストリー」というバイオテクノロジー系コングロマリットのCEOを務めています。

トリューは、人の記憶を移送する「ノスタルジア」という薬品を開発しました。それを使って、アンジェラは祖父ウィルの記憶を見ます。で、アンジェラが「どんな仕掛けだろう？」と思って、ノスタルジアのある部屋のドアを開けると、そこに象が寝ています。あの、鼻の長い動物です。このシーンについて劇中ではなんの説明もないんですが、英語には「Elephants never forget」（象は決して忘れない）という言葉があるんです。実際の象がそういう動物なのかはわかりませんが、言い伝えで「象は必ず復讐する」とも言われているんですね。昔、エレファンツ・メモリー（象の記憶）というバンドもありました。トリューの会社のロゴも、よく見ると象をモチーフにしています。

そもそもレディ・トリューの名前はベトナムの偉人、チェウ・アウのフランス語読みです。紀元248年、23歳だった彼女は象軍団を率いて中国（当時は呉）に反乱を起こしました。『三国志』には趙氏貞《ちょうしてい》として登場します。

全能の神よ、我が偉業を見て絶望せよ

トリューの野望はドクター・マンハッタンのスーパーパワーを奪って、世界を支配することです。

そのために「ミレニアム・クロック」というマシンを作ったトリューは、マシンの前で詩を朗読します。パーシー・ビッシュ・シェリーの詩「オジマンディアス」です。オジマンディアスは、古代エジプトの王、ラムセス2世のギリシア名です。その詩は彼の誇らしげな言葉で始まります。

「全能の神よ、我が偉業を見て絶望せよ」

実際、エジプトを巨大な帝国にしたラムセス2世は神様も絶望するほどの強大な権力を持っていたといいます。この詩を気に入ったエイドリアン・アレクサンダー・ヴェイトは、自らオジマンディアスと名乗ることにしたんですね。

ところが、その「オジマンディアス」という詩の続きを読むと、そんな帝王が築いた宮殿も、

今は砂漠に埋もれている、どれだけ栄華を極めたとしても、いつか終わる、虚しいものだ、という栄枯盛衰がテーマなんです。

天才なら終わりまでちゃんと読め！

おかしなおかしなおかしな世界

ドクター・マンハッタンのパワーを狙っているのはトリューだけではありません。第七騎兵隊、サイクロップスの幹部であるキーンもそうです。彼はキーン法を作った政治家の息子なんです。

サイクロップスは、ドクター・マンハッタンの力でオジマンディアスが作ったリベラルな社会をひっくり返そうとしている。彼らはこう言います。

「リベラルの涙で、この街の道を溢れさせてやる」

トリューやサイクロップスがドクター・マンハッタンの能力を奪い合う展開について、リンドルフは「『おかしなおかしなおかしな世界』（１９６３年）を参考にした」と言っています。

『おかしなおかしなおかしな世界』は、５人の登場人物が

『おかしなおかしなおかしな世界』（1963年）

35万ドルを奪い合って奔走するドタバタコメディ映画なんですが……それ、全然違うだろ！

スケベな神

一方で、ドクター・マンハッタン本人は何をしているのか？　彼は神のような力を持ちながら、世界を救うとか人々を幸福にするとか、考えていないんです。

原作者のアラン・ムーアはこう言っています。

「神のような力を持った男が実際にいたとしても、テレビを見ながらビールを飲んでいるだけだろう」

ドクター・マンハッタンは神のような存在なのに、人々のために何もしてくれません。まさに「神は沈黙する」んです。大昔から、神様って何もしてくれませんよね？

その代わり、ドクター・マンハッタンは、スケベなことで頭がいっぱいです。原作では分身の術で自分を増やして恋人と4Pをしようとして嫌われます。どうしてそんなにスケベなのかというと、ドラマ『ウォッチメン』では、子どもの頃、大人同士のセックスを覗き見してその魅力に取り憑かれたからだ、と説明されます。

スケベな神様なんて、そんなバカな、と思う人も多いでしょう。

でもね、ギリシア神話の主神ゼウスはそうなんですよ。

ゼウスは神々のなかでいちばん偉いのに、とにかくスケベです。可愛い女の子を見ると、ちょっかいを出す。近づくためにいろんなものに化ける。エウロパ姫には牡牛に化けて、人妻レダには白鳥に化けて。相手は男でもいい。ガニメデという美少年は、鷲に化けたゼウスにさらわれました。

ジュピターとエウロパ

ゼウスのスケベさは、木星を見ればわかります。木星を英語でジュピターと言いますが、それはつまりゼウスのことです。で、木星を周る衛星は、ガニメデ、イオ、カリスト、アマルテア、テミスト、レダ、エウロパ……みんなゼウスに手籠にされた男女の名前なんです。ゼウスは愛人たちに自分の周りを回らせているわけです。

その木星に、ドラマ『ウォッチメン』のドクター・マンハッタンが行きます。そして、衛星エウロパをスーパーパワーで地球化（テラフォーミング）します。

そのシーンで流れるのはシュトラウス2世の「美しく青きドナウ」。このワルツは『2001年宇宙の旅』（1968年）で使われたことでも有名です。

『2001年宇宙の旅』は、宇宙船ディスカバリー号が木星に

『2001年宇宙の旅』
（1968年）

行くという話でした。

『２００１年宇宙の旅』には、『２０１０年』（１９８４年）という続編があります。

『２０１０年』では、人類を進化させた、神のような異星人が木星を爆発させます。木星はほとんどが水素ガスなので、爆発すると小さな太陽になります。木星を太陽にするのは、衛星エウロパを地球化して生物を育てるためです。

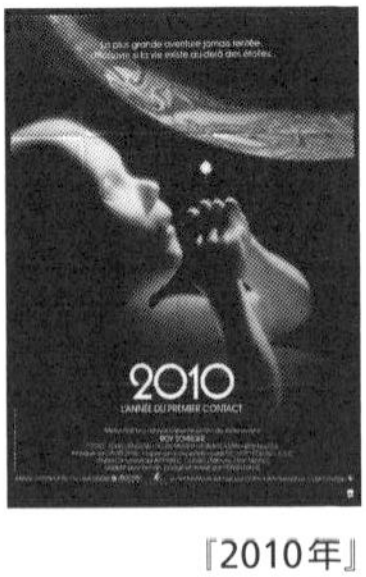

『2010年』
(1984年)

ドクター・マンハッタンもエウロパを地球化して、そこでアダムとイブを作って神様ごっこをし、そこにオジマンディアスを閉じ込めます。

そして神になる

ドクター・マンハッタンは原作でも映画でも、このドラマでもいつも素っ裸で、青いペニスをブラブラさせています。彼は神ですから、ちっぽけな人間の前で恥じらう必要などないんです。笑うのは、かつてドクター・マンハッタンの恋人だったローリー（シルク・スペクター）が、彼のものに似た青いディルドを大事にしているところですね。阿部定か。

で、ドクター・マンハッタンは、ゼウスのようにヒロインのアンジェラをナンパします。ただ、このドラマ版でドクター・マンハッタンは原作で描かれたような、ゼウスのようにいつまでもスケベなだけの神ではないんです。

彼はアンジェラの夫になり、一緒に子どもを育て、普通の人間の生活を初めて経験します。誰かを本当に愛したことで、神が人間として成長するんです。

ドクター・マンハッタンがアンジェラを愛した理由は、彼女が自分を愛して、命を捧げてくれる瞬間を見たからです。「見た」といっても、それは「未来の記憶」で、彼がアンジェラと出会った時点では当然まだその出来事は起こっていません。ドクター・マンハッタンにとっては過去も現在も未来も同時に存在しているので、未来の出来事が過去の自分に影響を与えるんです。愛したのが先か、愛されたのが先か……どっちが先かわからない。「ニワトリが先か、タマゴが先か」という論争です。

タマゴは、ドラマ『ウォッチメン』にやたらと登場します。死んでいったドクター・マンハッタンは、アンジェラにタマゴを残していきます。彼女がそのタマゴを食べて、プールの水面に足を下ろすところでドラマ『ウォッチメン』は終わります。これはキリストが水の上を歩いたという聖書の記述に基づいていて、アンジェラは自分がドクター・マンハッタンの力を受け継いだかどうかを試しているんです。

原作『ウォッチメン』は二人の神の物語でした。一人はドクター・マンハッタン。神のような超能力を持ちながら、人類を救おうという意思がない。もう一人はオジマンディアス。神のような知能を持ち、人類を救おうとしますが、非常に傲慢で、人類を見下しているし、誰のことも愛していない。でも、ドラマ『ウォッチメン』でオジマンディアスは逮捕され、ドクター・マンハッタンは死にます。

その力を託されたアンジェラ（Angelaには「天使」の意味がある）は「ノスタルジア」で祖父の人生を追体験し、アメリカや人類の過ちを目の当たりにして、それと戦ってきました。

「アンジェラは神になるのにふさわしい」

と、リンデロフは言っています。彼女ならそのスーパーパワーを本当に人々のために活かしてくれるでしょう。

エイバー、最初の黒人スーパーマン

アンジェラの苗字は「エイバー」（Abar）ですが、リンデロフによると、『エイバー　最初の黒人スーパーマン（Abar, the First Black Superman）』（1977年／日本未公開）という映画が元ネタだそうです。

これはとんでもない超低予算映画で、70年代にた

『エイバー　最初の黒人スーパーマン　Abar, the First Black Superman』（1977年／日本未公開）

くさん作られた「ブラックスプロイテーション」と呼ばれるジャンルの作品です。『ドールマイト』（1975年）を観て「なんだこの貧乏くさい映画は？」と思った人でさえ『エイバー』を観ると「下にはさらに下があったのか！」と愕然としますよ。

『エイバー』の主人公キンケイドは黒人の医者で、家族と一緒に中産階級が住む住宅地に引っ越してきます。周りの住民は全員白人で、黒人のキンケイド一家を追い出そうとして嫌がらせをしてきます。そこでキンケイド先生は、黒人のボディガードのエイバー君をよくわからない科学の力でスーパーマンに改造します。エイバー君は普通のスーツ姿のままで、街で起こる様々な問題をスーパーパワーで解決していきます。

例えば、黒人教会の牧師が、貧しい信者から巻き上げたお布施でキャディラックに乗っているのをエイバーがにらむと、キャディラックが馬車になってしまいます。なぜそうなるのかは不明ですが。黒人の若者たちが道端でサイコロ博打をしながらマリファナを吸っているのをエイバーがにらむと、若者たちはどういうわけか一流大学を卒業して社会に出ていきます。悪い奴らが食事しているのをエイバーがにらむと、食べていたスパゲティがミミズになります。

白人たちが「黒人は出ていけ！」とデモをしているのをエイバーがにらみつけると、嵐の音

『ドールマイト』（1975年）写真069

が聞こえます。で、風もないのに俳優たちが嵐に吹き飛ばされる演技をして……。

最後は白人たちがみんな改心して「黒人を差別して、すみませんでした」と謝り、エンドクレジットでマーティン・ルーサー・キング・ジュニア牧師の演説が流れます。

「いつの日か、黒人と白人の子どもたちが手を取りあって共に歩む、差別のない世界が訪れるだろう」

ちなみに『エイバー』の製作者ジェームズ・スモーリーは、黒人の売春婦を囲って商売していたピンプなんですが……お前がやっていることがいちばんの問題だよ！

『エイバー』はアメリカでも相当こじらせたマニア以外は知らない映画なんで、リンデロフ、只者じゃないですね。

傷を癒すには、空気にさらす必要がある

このようにドラマ『ウォッチメン』は、アラン・ムーアが提示した「スーパーヒーローとは何か」「なぜヒーローはマスクをするのか」という問題に、奇々怪々な物語で応えた意欲作でした。特に素晴らしいと思ったのは、「マスクというのは、トラウマを隠すためのものなのだ」というセリフですね。それは、バットマンとかキャプテン・アメリカとか様々な仮面ヒーローや、同時にマスクをかぶった悪人たちの分析にもなっていると思います。

そこからさらにリンデロフは踏み込んで、「マスクで隠しても傷は癒えない。傷を癒すには、空気にさらす必要がある」と言うんです。ヒーローたちもマスクをしているうちは、その苦悩は終わらない、ということですね。

アメリカでドラマ『ウォッチメン』が放送された後、新型コロナウイルス感染症の影響で、本当に誰もがマスクをしなければならない状況になりました。でも、大統領だったトランプはマスクをつけることを拒否し、マスクをしないことはトランプ支持者や、プラウド・ボーイズと自称する右翼グループのシンボルになっていきました。

そして2020年6月、タルサ人種虐殺の犠牲者を追悼する日に、トランプは追悼するどころか、タルサで自分の支持者集会を行い、マスクをしないトランピストたちがタルサに押し寄せ、コロナのクラスターを発生させました。さらに翌年、選挙に負けたトランプは支持者を煽って連邦議会議事堂に乱入させました。

大統領がテロリストだったら、誰が大統領を見張るんでしょう。

銀河を翔る父への愛と憎しみ

ジェームズ・ガン監督論 vol.2

DCは神話、マーベルは民話

DCスタジオの共同経営者になったジェームズ・ガン。次回作『スーパーマン：レガシー』でスーパーマンの少年時代を映画化する彼が、実は過去に、アンチ・バットマンともいえる『スーパー！』と、あからさまにアンチ・スーパーマンな『ブライトバーン』を作っていました。『ザ・スペシャルズ』もアンチ・ジャスティスリーグ的な作品でした。でも、マーベルのヒーローへの反感はそれほどないようです。

DCとマーベルの違いを説明する際によく言われるのは、「DCは神話でマーベルは民話」というたとえですね。DCのスーパーマンは神のような力を持つ超人で、バットマンは大富豪。これに対してマーベルのヒーローたちは、けっこう普通の人が多いんです。いじめられっ子

（ピーター・パーカー）が偶然蜘蛛の能力を得てしまったのがスパイダーマン、キャプテン・アメリカも徴兵検査に落ちた虚弱体質の少年（スティーブ・ロジャース）が超人血清の生体実験でたくましくなったわけです。二人とも、どちらかというと貧乏な育ちです。アイアンマンは軍事産業で成功している企業家の御曹司でバットマン的ですが、精神的に弱いところがあってアルコール中毒になったりするんですね。ソーは神様ですが、映画版ではいわゆる「トンパチ（破天荒で無鉄砲な人）」というやつで、かなり天然でボケが入っている。ハルクは怒るとブチ切れて見境なく暴力をふるう危険な男だし……、マーベルヒーローは欠陥だらけの人たちばかりなんですね。だからマーベルは親しみやすいんです。

さらにマーベル映画には、ヒーローたちがサンドイッチやハンバーガーなど、庶民的な食事をしたり、ビールを飲んだりするシーンが多いですが、あれも親しみやすさを高めるための演出です。一方でバットマンやスーパーマンに安っぽい食事は似合わない。DCの実写版『アクアマン』（2018年）では、意識して、アクアマン（ジェイソン・モモア）にビールを飲ませたりして庶民っぽさを加えてましたね。

マーベルのヒーローたちがいつも軽口を叩いてるのも重要です。実際、僕らみたいな一般人だって仕事仲間同士で冗談を言い合ったりするでしょ？　特にアイアンマンはエロ親父だから「初夜権を復活させたいな」みたいなセクハラ・ジョークばかり言っているし、キャプテン・

アメリカは真面目すぎることでからかわれて、ギャグのネタになっている。だから『アベンジャーズ』（2012年）のジョス・ウェドン監督がDCに雇われて『ジャスティス・リーグ』（2017年）を明るく作り直したんだけど、DCのヒーローにはどうもジョークが似合わなかった。バットマンはジョーカーが天敵だし、スーパーマンはイノセントすぎる。フラッシュとアクアマンばかりに道化役が押し付けられました。

つまりDCは、悪趣味なジョークが原因でディズニーからクビにされたようなジェームズ・ガンの反権威でふざけた体質と合わないわけですが、ガンの権威に中指を立てずにいられない性分はどこから生まれたんでしょう？

自分は神の子だった！

それは『ガーディアンズ・オブ・ギャラクシー2』（何度も書きますが『リミックス』という邦題は拒否します）に表れています。

映画は1980年のミズーリ州から始まります。ミズーリは主人公ピーター・クイル（クリス・プラット）が生まれた土地、ジェームズ・ガンの故郷です。

ピーターのお母さんメレディスは、カート・ラッセル扮するイケメンと出会って、ピーターを妊娠しますが、父はどこかに行ってしまって、メレディスが脳腫瘍で亡くなった夜に、ピーターは宇宙海賊ヨンドゥ（マイケル・ルーカー）にさらわれ、彼の手で育てられます。

それから物語は「現在」の宇宙に飛び、ガーディアンたちはソブリン人というエイリアンと取り引きしています。ソブリン（主権）という名前のとおり、彼らはやたら偉そうです。黄金色の体を持つ美男美女で、ガーディアンズを見下しています。ジェームズ・ガンがいちばん嫌いなタイプです。だから、ムカついたロケットが彼らの大事なバッテリーを盗んで、ガーディアンズはソブリン軍から追われています。

そこに現れて助けてくれたのがエゴ（カート・ラッセル）です。彼はピーターに、「自分はお前の父親だ」と言います。ダース・ベイダーみたいですが、彼の正体はもっと大物、神のような存在、セレスティアル（天人）です。

具体的には、月と同じぐらいの大きさの脳みそなんだと。この「考える惑星」は１９６６年にマーベル・コミックスの『ファンタスティック・フォー』に初登場するんですが、当時としては実に斬新なアイデアですね。

「神みたいなもんだな」と本人が言うとおり、彼はどんなことでも実現可能で、カート・ラッセルが演じる人間そっくりな肉体も、彼自身が地球人に似せて作ったものです。つまり、地球人の姿をして現れた惑星が、ピーターのお母さんを妊娠させたということなんです。

今までずっと自分のことを孤児だと思って生きてきたピーターは、実の父親と再会できたことに感激します。しかもその父親は、金持ちや貴族といった存在をはるかに超える「神」のような存在でした。

しかし、父親の本名は「エゴ」。エゴイストのエゴですよ。つまり彼はエゴの塊、肥大しまくったエゴ（自我）なんです。いやな予感がしますね。

最悪の父親

ピーターはエゴの下でスーパーパワーを持ち始め、大事なガーディアンズの仲間たちを遠ざけようとします。ガモーラにすら「僕が神様の子だと知って、嫉妬してるんだろ」と言い出す始末です。

ガモーラ（ゾーイ・サルダナ）のほうも、実の妹ネビュラ（カレン・ギラン）と揉めています。この姉妹は、実の両親をサノスに殺され、サノスによって育てられたんですが、ずっと姉妹同士で戦わされ続けてきました。負けたほうが体の部位や臓器を機械に交換され、ネビュラは負け続けたため、もはやサイボーグのような身体になってしまい、姉のガモーラを憎んでいます。

サノスの語源は「タナトス」、つまり「死への願望」です。サノスはこの世界を滅ぼそうとする悪の帝王です。エゴのほうも、実は地球だけでなく宇宙全体に自分の種をばらまいて、全宇宙に自分を拡大しようとする、大変なエゴイストでした。

つまり、エゴもサノスも宇宙最悪の父親なんです。

巨大なエゴの持ち主である彼らは、自分の子どもは自分のエゴの延長、自分の一部のように思っています。子どもが独立した人格だということをわかっていないんです。ところが、ピーターには育ての父、宇宙海賊ヨンドゥがいます。ヨンドゥは前作の最後で、探し求めた宝オーヴをピーターにすり替えられたと知った時、嬉しそうに笑うんです。「俺をだますとは、立派な海賊になりおったな」とでも言いたげに。いい親とは、子どもを囲い込むのではなく、子どもの独立や成長を喜ぶものですよね？

ザ・チェイン

実はヨンドゥはエゴの依頼で、エゴが宇宙のあちこちに種をバラまいて作った子どもたちを集める仕事をしていました。しかしエゴは、子どもたちがスーパーパワーを発揮できないとわかると殺していました。それを知ったヨンドゥは、ピーターをエゴに渡さずに逃げて、自分の息子として育てたんです。

ピーターはエゴと共に宇宙征服をしそうになりますが、その前にエゴの正体を知ります。彼こそはピーターをさらうために母親に脳腫瘍を埋め込んだ男だったんです。そして父と子の、神と人の戦いが始まります。その戦いのなかでガーディアンズ・オブ・ギャラクシーは絆を取り戻していきます。

ネビュラに「あんたたちケンカばっかりしていて、友達らしくないわね」と言われたドラックス（デイヴ・バウティスタ）は「俺たちは家族だからな」と答えます。仲良しクラブじゃない、家族ってのは本音をぶつけあってケンカするものなんだと。

ここでフリートウッド・マックの曲「The Chain」が流れます。「もう愛し合うことはないだろう／でも、私たちをつなぐ鎖は切れない」

フリートウッド・マックは、バンド内でドロドロの男女関係がありました。ボーカルのスティーヴィー・ニックスはギターのリンジー・バッキンガムと別れて、ドラムのマイク・フリートウッドと浮気し、夫婦だったベースのジョン・マクヴィーとキーボードのクリスティ・マクヴィーも別れて、みんなバラバラになってしまったんです。でも、「暗闇のなかで、この鎖が私たちをつなぐ」と歌ったんです。自分たちは恋愛や血縁を超えた関係、「家族」なんだと。

ガーディアンズは力を合わせて、ピーターの実の親であるエゴを倒しますが、育ての親であるヨンドゥはピーターを救うために死んでいきます。実の親より、育ての親なんです。

ジェームズ・ガンが書いた最初の脚本『トロメオ&ジュリエット』（1996年）もそんな話でした。敵役はジュリエットの父親で映画会社のボスなんですが、実はロメオの父親だということがわかる。わかっても最後にぶっ殺す。そして、育ての父親と仲良く暮らして、めでたしめでたし。

トイ・コレクター

こんな話を作るジェームズ・ガンの父親ってどんな人なんでしょう？　それは彼が2000年に出版した小説『トイ・コレクター』に書いてあります。

この小説の主人公はジミーことジェームズ・ガン。つまり彼自身です。ニューヨークの名門コロンビア大学の文学部の、修士課程に行っていると書いてあるのも彼の実人生そのままです。

この小説の主人公であるジミー（ガン自身）は、ニューヨークの病院でバイトしながら、ちょろまかした薬を売ったお金でオモチャ、特にコミックブックのキャラクターのフィギュアをコレクションしている若者です。

『トイ・コレクター』
（2000年）

ジェームズ・ガンが集めているオモチャはレアなものばかり。たとえばロム・ザ・スペースナイトは1979年に発売されたロボットのオモチャです。マーベルでコミック展開もしたんですが、アメリカ人でも知っている人はそんなにいないマニアックな存在です。ジミーは誰でも知っているスーパーマンとかバットマンよりも、ロムのようなマイナーなものにこだわるオタクなわけです。

ジミーが買い集めているのは自分が子どもの頃にほしかったけど買ってもらえなかったオモチャでもあります。というのも、ガンは子どもの頃、父親ジェームズ・F・ガンの家庭内暴力に苦しんでいたんです。

『トイ・コレクター』にはこんなシーンがあります。ジミーの父がバーベキュー台を掃除する際、彼の妻（つまりジミーの母親）が「あなたは太り過ぎで、腕が中のほうまで届かないんじゃないの」と言います。

「弟は喉から締め付けられるような音を出した。何が起こるか予感したから。

父は怒りに震え出し、腕を振り上げ、一瞬躊躇し、でも、また振り上げた。

ガツン！

母の頭は人形のように揺れ、体は床に崩れ落ちた。顔を手で押さえて泣き出す。

〝デブの男が女を殴った！〟母は叫んだ。

父は顔を両手でおおい、静かにすすり泣き始めた」

『トイ・コレクター』でジェームズ・ガンは両親をこんな風に書いています。

「父はセントルイスで代々弁護士の家の出身。まだアイルランドなまりがあった。父は14歳の頃から酒を飲み始め、25年間飲み続けた。彼は女性が好きだったが、人見知りでカトリックだったので、生涯で妻しか女性を知らなかった。

彼らは美しい夏の日に結婚したが、そこからの人生はずっと下り坂だった。長男ジェームズが生まれた時も、父は泥酔していた。

父は子どもたちをどう扱っていいのかわからなかった。子どもたちを抱きしめたこともなかった。彼はいつも仕事で忙しく、子どもたちはシングルマザーに育てられたようなものだった。父はたまに家にいる時も、〝いなかった〟。新聞やテレビを見るばかりで、子どもの相手をしなかった。

でも、ああ、酔って気分がいいときは子どもと遊ぶこともあった。子どもたちが父の背中に乗っかると、父は怪獣や馬やドラゴンのマネをした。

しかし、その翌朝、子どもたちが昨夜と同じ調子で父と遊ぼうとすると、二日酔いの父は機嫌悪そうに子どもたちをはらいのけた。末の弟は父に投げられて指を骨折した。

父は子どもたちを叩き、殴り、蹴った。それ以外に子どもたちを黙らせる方法を知らなかったからだ。父が母を殴った後は家族にとって幸福な時間だった。なぜなら、母を殴った後、二週間くらい、父は信じられないほど優しく、大人しくなるからだ。

〝父さんが二週間にいっぺんママを殴るといいなあ〟と、ジェームズは言った」

父を葬り去るために

『トイ・コレクター』の主人公ジミーは子ども時代のトラウマが癒えず、子ども時代に囚われて、大人になった今も子ども時代のオモチャを集め続けます。そして現実から逃避するために、酒やドラッグに溺れていきます。

でも、最後には一大決心をして、自分のオモチャのコレクションを全部キッチンディスポーザーにかけます。アメリカの台所の流しには生ゴミ粉砕機がついているんです。ジミーが子ども時代と決別して『トイ・コレクター』は終わります。

ジェームズ・ガンの父ジェームズ・F・ガンは、2019年8月に亡くなりました。その一年後にジェームズ・ガンは追悼文をフェイスブックで発表しています。気持ちを整理するのにそれだけの時間がかかったんでしょう。

「あれから、多くの人々が私に言いました。〝あなたのお父さんはいい人でした〟と。それは事実ですが、父の一面しか捉えていません。私たち家族はみんな知っています。父が悪かったことも！　父はいい人間で、同時に悪い人間でした。

父は陽気で、乱暴でした。父は信心深く、口汚かった。父は呑気で、イライラしていました。彼はその全部でした。それは、彼が血の通った人間だということです」

『ガーディアンズ・オブ・ギャラクシー2』の暴君的な生みの父エゴと、鷹揚な育ての父ヨンドゥはどちらもジェームズ・ガンの父の姿だったんでしょう。その二人を葬り去ったのは、ジェームズ・ガンにとって、父のトラウマから解放されるための生前葬だったのかもしれません。

しかし、それで癒えるほど、ジェームズ・ガンの心の傷は浅くなかったようです。

心の平和を求める右翼暴力装置『ピースメイカー』

2022年、ジェームズ・ガンはHBOのテレビシリーズとして『ピースメイカー』を作ります。この作品は徹底的に、暴君である父との対決を描いた、悲痛なドラマです。

ピースメイカーは『ザ・スーサイド・スクワッド〝極〟悪党、集結』（2021年）でアメリカ政府の国際謀略の手先として暗殺や破壊活動をしていた、ならず者です。「俺の心の平和のためなら男でも女でもガキでも殺す」とうそぶく、そんな人間のクズにもジェームズ・ガンはヒーローになるチャンスを与えます。

『ザ・スーサイド・スクワッド』で起こった事件後、ピースメイカーはまた刑務所に戻って4年も服役しています。刑務所の清掃員をしている中東系のおじさんから「差別野郎め！　あんたが殺すのはマイノリティばかりだ！」と言われた彼は、「い

『ピースメイカー』
（2022年）

や、同じくらい白人も殺してきたぞ!」と答えます。

口先では威勢のいいことを言うピースメイカーですが、釈放されて家に帰ると、ボロボロのトレーラーハウスに一人暮らしなんですよ。場所はおそらく中西部の田舎で、家賃は月に2万円くらいでしょう。2021年、ドナルド・トランプを熱狂的に支持して議会に乱入して逮捕され、有罪になった右翼たちには、実際にこんな暮らしをしていた人たちが多かったと言われています。そういう人々はとにかく貧しくて惨めで、その憎しみを黒人とかアジア人とかラテン系の移民たちに向けて、トランプを支持してきたわけです。

最悪の父親

ピースメイカーが「実家」に帰ると、もっと恐ろしいものが待っています。

父親が見ていたテレビの音が聴こえます。番組では「ディープステート」についてコメンテーターが話しているようです。ディープステートとは、アメリカや日本の陰謀論者が信じている「闇の国家」で、彼らは、「世界中のユダヤ人と黒人と国際資本家と共産主義者とリベラルが結託して、世界を裏で支配している」というデタラメを鵜呑みにしています。まともな知識を持っている人なら、「そもそも資本家と共産主義者がどうしてつるむんだ!」と思いますけどね。

そのテレビでは「奴らの正体は異星からきたエイリアンだ！」とまで言っています。

こんな番組を熱心に見ているのが、ピースメイカーの父親です。演じるのはロバート・パトリック。『ターミネーター2』（1991年）で液状アンドロイドだった人ですね。

「父さん……俺、4年もムショに入ってたんだ」

ピースメイカーがそう言っても、父はいたわるでもなく「情けねえプッシー（女みたいな奴だ」と最低の差別用語で自分の息子を蔑みます。さらに「俺のザーメンが貴様のようなオカマ野郎になるとはな」とまで言います。

彼は『フルメタル・ジャケット』（1987年）のハートマン軍曹じゃないですよ。実の親なんですよ。

「貴様にはもっとアカ（共産主義者）や黒んぼやユダ公を殺して欲しかったぜ」

そう言う父親はピースメイカーを抱きしめてくれません。代わりに彼を抱きしめるのは、雛の頃からずっと飼ってきた白頭ワシの「ワッシー」だけなんですね。白頭ワシはアメリカの国鳥であり、象徴です。

この第1話を見ただけで、もうピースメイカーを抱きしめてやりたくなりますよね！『ザ・スーサイド・スクワッド』では悪役だった彼もまた、ジェームズ・ガンが愛する負け犬なんですよ。

ポンコツ部隊

ピースメイカーを釈放したのは、タスク・フォースXのボス、アマンダ・ウォラー（ヴィオラ・デイヴィス）でした。ピースメイカーは、今度は「バタフライ作戦」なる秘密工作をやらされます。このチームがまた予算が全然なくて、本部も小さな貸しオフィス、会議をやるのはファミレスなんですよ。このへんは『ザ・スペシャルズ』と同じですね。

ファミレスで「ガフ上院議員を暗殺する。彼はバタフライに乗っ取られている」とか言っているんですが……ファミレスで暗殺の会議ですよ。

「バタフライ作戦」チームのリーダーは元傭兵のクレムゾン・マーン（チュクウディ・イウジ）、そして格闘技が得意なエミリア・ハーコート（ジェニファー・ホランド）。彼女はクールな美女で、『ガーディアンズ』におけるガモーラのような役割です。それにコンピュータのプロ、ジョン・エコノモス（スティーヴ・エイジー）。『ザ・スーサイド・スクワッド』の司令部にもいた、ヒゲもじゃのオタクおじさん。ピースメイカーは「あんたのヒゲ、なんで黒白二色なんだ？」とバカにします。そして、レオタ・アバデヨ（ダニエル・ブルックス）。実はアマンダ・ウォラーの娘で、就職先が見つからず（涙）、コネでこの仕事をもらいました。

つまり彼らも、ジェームズ・ガンが愛するいつものポンコツ部隊です。

ピースメイカーはハーコートを口説きます、「恋愛とは言わない。刑務所から出たばかりだから、楽しみたいんだ。性器と性器の接触だけでも」というヒドい口説き文句で、「あんたは100％クズ野郎よ」と肘鉄を喰らいます。

悪党の目に涙

父親に「男らしくしろ！」と言われ続けたピースメイカーは、誰もいない所でメソメソ泣きます。彼は大勢の人を殺してきた極悪人ですが、決して冷酷で無感覚なのではなく、自分の行いをずっと後悔していて、ごめんなさい、ごめんなさい、と泣くんですよ。

ところがそれを覗き見する奴がいます。自称ビジランテというヒーローオタクのあんちゃん（フレディー・ストローマ）で、彼はピースメイカーの追っかけで、ストーカーです。こいつが「ピースメイカー、泣いているの？」と言うので、ピースメイカーは言い訳します。「顔の筋肉を鍛えているだけだ！」

このバカどもが、上院議員の邸宅に忍び込んで狙撃しようとするんですが、奥さんと娘がいるのを見て、ピースメイカーは撃てません。ここは『スカーフェイス』（1983年）で主人公トニー（アル・パチーノ）が暗殺を拒否するシーンの引用でしょう。暗殺する標的が奥さんや子どもと一緒にいるのを見て、トニーは武器を下ろしました。血も涙もないギャングかと思ったら、心の底まで悪い奴じゃなかったんです。

ピースメイカーは子どもの頃、兄と殴り合いをさせられました。『ガーディアンズ』のサノスが娘ネビュラとガモーラを戦わせたのと同じです。ただ、ピースメイカーは殴り合いで兄を殺してしまったんです。大好きだったお兄ちゃんを。

ホーム・スイート・ホーム

物語が進むにつれ、「バタフライ作戦」のメンバーも、ピースメイカーがそんなに悪い奴じゃないとわかってきます。

最初に彼と打ち解けるのはレオタです。レオタは黒人でレズビアンなので、白人至上主義でマッチョのピースメイカーと正反対ですが、レオタの母アマンダも囚人の脳に爆弾を仕掛けて死地に送り出すようなボスキャラです。毒親に育てられた子ども同士でわかりあえたんでしょう。

テック担当のエコノモスはいつもブスッとしていますが、ピースメイカーが80年代のバッドボーイ・バンド、ハノイ・ロックスの話をすると、「俺もファンだよ！」と目を輝かせて、ハノイ・ロックスを大音量で鳴らして盛り上がります。何も共通点がなさそうな人と好きなバンドの話で打ち解ける……あるあるですね。

「あんたは100％クズよ」と言っていたハーコートも「85％ね」とディスカウントしてく

れます。それを聞いたピースメイカーは嬉しくて、静かにピアノを演奏します。曲はモトリー・クルーの「Home Sweet Home」です。

「僕はおうちに帰るんだよ／愛しいおうちに帰るんだ」。彼は子どもの頃から温かく抱きしめてくれる家庭を知らずに育ちました。だからずっと心の平和を求めてさまよってきたけれど、初めて「仲間」という「帰るべき家」を持ったんです。

バタフライは平和の使者

仲間を持ったピースメイカーはついに父と対決します。父は強化服を着て、ホワイトドラゴンという名のスーパーヴィランになって襲ってきます。

「お前が悪魔の音楽を聴いているのは知っているぞ」

父はそう言います。これはピースメイカーが好きな80年代メタルのことですね。実際にキリスト教福音派はロックを「悪魔の音楽」と呼んで嫌いました。

「お前は俺に勝てない。お前は俺に支配されているからだ」

ホワイトドラゴンは言います。しかし、ピースメイカーはその呪縛を打ち砕いて、ついに父を倒します。

あ、肝心のバタフライのことを説明し忘れていました。その正体は蝶々のような異星生物で、人間の体内に入って脳を乗っ取ります。そして、既に世界各国の政治や経済の重要人物はバタフライに入れ替わっているというんです。アメリカの右翼が恐れたディープステートは、なんと陰謀論ではなく事実だったんです！　ガーン！

でも、バタフライの目的は地球の侵略ではありません。逆に地球を平和にすることだと言うんです。彼らの母星は「それぞれが自分の利益ばかりを追及して滅んでしまった」そうなんですね。

それはおそらく戦争や環境破壊のことでしょう。だから、地球がその轍を踏まないように指導していくんだと。

これって、平井和正（原作）と桑田次郎（作画）の劇画『デスハンター』と同じ話ですね。原作者の平井和正はこれを『死霊狩り』（ゾンビーハンター）として小説化もしています。

オーバーロード

バタフライは「君も心の平和を求めているんだろう」とピースメイカーを説得しますが、彼はバタフライを滅ぼす道を選びます。

「なぜ、バタフライの言うとおりにしなかったの？」レオタはピースメイカーに尋ねます。

「オーバーロードの下で平和になるよりも、人類の運命は人類が決めるべきだと思った？」

オーバーロードとは、ロード（領主）の上に君臨する大君主、帝王のことですが、SF的文脈では、アーサー・C・クラークの『幼年期の終り』という小説の用語です。『幼年期の終り』ではある日、高度に発達した宇宙人が地球にやってきて、すべての国を屈服させて地球を強制的に平和にします。その宇宙人を「オーバーロード」と呼ぶんです。

『ウォッチメン』のオジマンディアスもそうですね。彼もまた、超人的な智力と財力で人類を操って、無理やり恒久平和を実現する。

でも、そういう上から目線で子ども扱いされることが、何よりも嫌いなのがジェームズ・ガンと彼の作品の主人公たちなんですよ。

しかし、尋ねられたピースメイカーはそんなこと考えてもみなかった、という顔で答えます。

「あの時、俺がバタフライを倒さなきゃ、奴らは君たちを殺してたろ」

彼は自分の仲間のためにやるべきことをしただけなんです。

心の平和

それを聞いたレオタは「私もやるべきことをしなくちゃ」と言って、記者会見を開きます。

「政府は囚人の脳に爆弾を仕込んで危険な作戦に従事させていました。その作戦の責任者はアマンダ・ウォラー、私の母です」

ピースメイカーはレオタに言います。

「ビジランテには言うなよ。ワッシーの次にだけど、俺のBFF（永遠の親友）だ」

実はレオタの名前は、ジェームズ・ガンの愛する母親の名から取っています。

ずっとピースメイカーを毛嫌いしていたハーコートも彼の手を握ってくれます。ハーコートを演じるジェニファー・ホランドはジェームズ・ガンと7年間以上一緒に暮らした後、『ピースメイカー』が放送された2022年に正式に結婚しました。二人の間には、既に二人の子どもがいます。

やっと心の平和を得たピースメイカーは、トレーラーハウスの前のポーチに腰を下ろします。すると死んだはずの父が、その横に静かに座ります。ピースメイカーの心の中の父親は、もう息子を怒鳴ったり殴ったりすることはなく、ただ静かに笑っています。

お父さん、安らかに。愛しています

このラストシーンは、先に引用したジェームズ・ガンの父親への追悼文を読んだ後では涙なしに観ることができません。

「父が3歳の時、彼の祖父、ジェームズ・ガンが亡くなりました。3歳の父は葬儀で弔問客一人ひとりに〝僕の名前はジェームズ・ガンです〟と挨拶したそうです。それは父の不安と、ジェームズ・ガンでいることの誇りを表しています」

彼は長男に自分と同じ「ジェームズ」という名前を与えました。

「父は私に、自分の人生を通して、人生とは完璧な人間になるためにあるのではないと教えてくれました。不完全な人間が何度も何度もやり直すことこそが人生だと。人生の最後に、父は最も素晴らしい人になりました。特に、私の二人の子どものおじいちゃんとして」

「父が亡くなった日、私は当時3歳の息子ライダーを保育園から家に連れ帰った後、じいじが亡くなったと伝えました。ライダーは〝じいじはずっと死んだままなの？〟と尋ねました。私は〝いや〟と言いたかった。

彼はいつまでも私たちの心と思い出話の中に生き続けると。なくなるのは、じいじの肉体だけだと。じいじの魂は天国に行っただけだと。きっとそこでじいじのママとパパに会えるんだと。先に天国に行ったパパの妹アンジェラを抱きしめているんだと。

でも、そんなことを言っても3歳の息子には理解できないだろうと思いました。そう考えた時、私の心は父を亡くした3歳の子どもの心になりました。すると、父のあの大きな笑い声も、力いっぱいのハグも、セントルイス・カージナルスが勝った時にかかってくる〝やったぞ！〟という電話も、もう二度とないのだということに気づきました。そしてやっと、ライダーの問いに答えました。〝じいじはもう、帰ってこないんだよ〟」

「お父さん、安らかに。愛しています」

ジェームズ・ガンは、ついに心の平和を得たんでしょうか？　彼がスーパーマンの少年時代と両親との関係を描く『スーパーマン：レガシー』がどんな物語になるのか、本当に楽しみです。

おわりに

ヒーローだったら、どっちを選ぶ？

「ヒーローになれ！」

『デッドプール』の最後で、宿敵フランシスにとどめを刺そうとするデッドプールをコロッサスは、そう叫んで止めようとします。でも、デッドプールはあっさりフランシスを殺します。俺ちゃんは万人のヒーローなんかになるつもりはない、愛する恋人ヴァネッサにとってのヒーローであればいいんだと。

ところが『デッドプール2』の冒頭でそのヴァネッサがいきなり殺されてしまいます。犯人を殺してもデッドプールの生きる目的は戻ってきません。自殺しようとしても不死身だから死ぬこともできません。行き場を失ったデッドプールは、ラッセルという少年と出会います。ラッセルはスーパーパワーを持っているのですが、虐待されて育ったので人間を憎んでいます。ラッセルは成長して大量虐殺者になり、彼に妻子を殺されたケーブルという男が未来からやってきて、ラッセルを殺そうとします。ラッセルを守り、ラッセルが将来、殺人者になることを阻止する、それがデッドプールの戦いになります。

そのためにデッドプールが集めた部隊X-フォースがあっさり全滅（これ、ジェームズ・ガンが『ザ・スーサイド・スクワッド』でパクってるよね！）などの、人でなしギャグは前作から続いていますが、最後にデッドプールは「ヒーローになるべき瞬間（とき）」に正しい選択をします。すべての殺戮と憎しみの元を断つため、自ら犠牲になるんです。まるでキリストですよ。下ネタばかり言っていたデッドプールが。

でも、ご安心。デッドプールは死にません。ご都合主義ではありますが、ヒーローになった者はたとえ死んでも人々の心に永遠に生きるから、同じことでしょう。

ついでにライアン・レイノルズは『ウルヴァリン：X-MEN ZERO』で口なしデッドプールを演じた自分と、『グリーン・ランタン』（2011年）に出演した自分も殺して（比喩ではなく、文字通り殺すんですよ）、スーパーヒーロー、デッドプールとして完全に復活しました。

スーパーヒーロー映画は、商業主義の子どもだましと言われることもあります。たしかにそういう映画もありますが、ライアン・レイノルズやジェームズ・ガンやデスティン・ダニエル・クレットンやパティ・ジェンキンスのような映画作家たちは、スーパーヒーローという題材を自分個人の問題に引きつけて、そこから世界の現実をえぐります。そして、その映画を観た人々は人生のなかで選択に迷った時にこう思うでしょう。

「ヒーローだったら、どっちを選ぶ？」

実はアメリカン・コミックの名作の多くがそうであり、日本のマンガやアニメ、特撮もまたそうでした。人々の心をつかむ作品は特に。

編集の三浦修一さん、イースト・プレスの中野亮太さんに感謝します。

町山智浩

町山智浩（まちやま・ともひろ）

映画評論家、コラムニスト。1962年東京生まれ。早稲田大学法学部卒。宝島社社員を経て、洋泉社にて『映画秘宝』を創刊。現在カリフォルニア州バークレーに在住。TBSラジオ「こねくと」レギュラー。週刊文春などにコラム連載中。映画評論の著作に『映画の見方がわかる本』『ブレードランナーの未来世紀』『トラウマ映画館』『トラウマ恋愛映画入門』『恋する映画』『怖い映画』など。

町山智浩《まちやまともひろ》の

アメリカ スーパーヒーロー映画《えいが》

徹底解剖《てっていかいぼう》

2023年5月8日　第1刷発行
2023年6月5日　第2刷発行

著者　**町山《まちやま》智浩《ともひろ》**
イラスト　**El Pino**
装丁　**角倉織音**（オクターヴ）
編集協力　**三浦修一**
発行人　**永田和泉**
発行所　**株式会社イースト・プレス**
〒101-0051
東京都千代田区神田神保町2-4-7
久月神田ビル
TEL 03-5213-4700／FAX 03-5213-4701
https://www.eastpress.co.jp
印刷所　**中央精版印刷株式会社**

ISBN 978-4-7816-2187-6